JN070264

学校説明会

11月 8日（木）10:30～（授業参観あり）
12月 8日（土）14:00～
1月12日（土）10:30～（総合選抜入試用）
1月13日（日） 9:30～（入試体験※要予約）
3月23日（土）時間未定

※「要予約」の行事は、ホームページよりお申込みください。　※ご来校の際はスクールバスをご利用ください。無料でご乗車できます。

共立女子第二中学校

〒193-8666　東京都八王子市元八王子町 1-710　事務室 042-661-9952
http://www.kyoritsu-wu.ac.jp/nichukou/　MAIL : k2kouhou@kyoritsu-wu.ac.jp

JR中央線・京王線「高尾駅」徒歩5分の学園バスターミナル
およびJR中央線・横浜線・八高線「八王子駅」南口よりスクールバス運行

イメージキャラクター：BEAVER

SAKAE

Saitama Sakae Junior High School

平成24年度　説明会等日程

入試説明会（予約不要）

11/4(日) 14:00～　12/1(土) 10:40～　12/25(火) 10:40～

入試問題学習会（9:00～要予約）

11/24(土)　12/15(土)

平成25年度入試　募集要項

	第1回入試 午前	第2回入試 午前	第3回入試	第4回入試	第5回入試	難関大クラスⅠ入試 午後	難関大クラスⅡ入試 午後
試験日	1月10日(木)	1月11日(金)	1月14日(月)	1月20日(日)	2月6日(水)	1月10日(木)	1月11日(金)
募集定員	30名	30名	15名	10名	5名	15名	15名
試験教科	4教科・2教科の選択				2教科	4教科	

※2教科:国語・算数　※4教科:国語・算数・理科・社会

埼玉栄中学校

〒331-0047
埼玉県さいたま市西区指扇3838
TEL 048-621-2121　FAX 048-621-2123

詳しくはホームページをご覧ください

早稲田アカデミー 中学受験を決めたその日から

サクセス12

CONTENTS

今月号の表紙

サクセスホームページ
http://success.waseda-ac.net/

MIWADA 125th Since1887

126年目の徳才兼備

ミニ学校説明会(要予約)10:00～
11/6(火)・1/15(火)

学校説明会(予約不要)
11/17(土)12:30～
12/ 7(金)10:00～

直前説明会(予約不要)10:00～
12/23(日・祝)・1/12(土)
6年生対象

校長と入試問題にチャレンジ(要予約)10:00～
11/10(土)・12/ 1(土)・12/ 8(土)・12/22(土)
＊受験生対象(毎回同じ内容なので、お一人1回参加です)

★ご来校の際は上履き持参でお願いいたします。
★学校見学は随時行っています。事前にお電話でお申し込み下さい。

◎ 2013年度入試要項

募集人員	入試科目	試験日	合格発表日
第1回 80名	2科/4科・保護者同伴面接	2/1(金)	2/1(金)
第2回 60名	4科・保護者同伴面接	2/3(日)	2/3(日)
第3回 30名	4科・保護者同伴面接	2/5(火)	2/5(火)

三輪田学園中学校・高等学校
Miwada Gakuen Junior and Senior High School

〒102-0073
東京都千代田区九段北3-3-15
☎ 03-3263-7801
http://www.miwada.ac.jp/

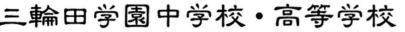

NNフェリスクラスを卒業し、
現在フェリス女学院中学校に通う
阿部さん、河合さん、中藪さんのお母様に
お集まりいただきました。
皆さんには、お子さまが受験をした頃の様子を
振り返っていただきました。

難関中学合格への軌跡

～山あり谷あり、我が家の受験体験記～

左から河合さん、阿部さん、中藪さん

第一志望校は学校の様子を実際に見て判断
雰囲気や通学距離が大きな決め手

——中学受験と第一志望校、どちらを先に決めましたか。また、第一志望校を選んだ際の決め手を教えてください。

阿部さん　中学受験を最初に決めました。娘が小学校3年生の時に見たテレビドラマに影響を受け、本人から塾に通いたいと言い出しました。第一志望校は色々と悩みましたが、その学校に通っている生徒の様子を直接見たうえで決めました。

河合さん　親が主導で、中学受験を最初に決めました。第一志望校は、成績状況を見ながら、慎重に決めました。学校の雰囲気と通学距離が決め手です。

中藪さん　我が家も中学受験を先に決めました。小学校4年生の時、お友達が塾に通い始めて、自分から塾に行きたいと言ってきました。第一志望校は、本人が実際に文化祭を見学して、この学校に行きたいということで決めました。

——第一志望校合格へ向けて、乗り越えなければならなかった一番大きな壁は何でしたか。

阿部さん　算数が苦手だったため、そ

中藪さん

河合さん

の対策に苦労しました。土曜特訓を含め、NNの授業で先生方に指導をしていただき、少しずつ自信がついていったようです。

河合さん　国語がそれほど得意ではなかったため、記述問題に苦労しました。ただ、NNで大谷先生に指導していただいた結果、最終的には対応できるようになりました。また、理科も苦手で、1月直前期には、親子で一問一答式の問題を出し合うなどして対応しました。

中藪さん　習い事でバレエを続けていたのですが、どこで区切りをつけるか悩みました。5年生の11月に本人から一旦辞めるという決断したので、そこで一つ壁を乗り越えることができたかなと思います。

――受験学年の時、お子さまに対する接し方で工夫した点や、今考えると失敗してしまったと思う点はありますか。

阿部さん　すぐに質問でき、また、勉強の様子がよくわかるので、必ず近い場所、リビングで勉強させていました。また、意識的に明るく接するようにしていました。

河合さん　低学年の弟がいるので、本人と弟の間でつまらないケンカなどが起こらないように注意していました。

中藪さん　受験を自分のこととしてとらえさせるように心がけました。ほとんど全て本人に任せていたのですが、テスト結果を見るとどうしても一言添えてしまって…。今思うと、黙っているべきだったかなと反省しています。

――お子様をやる気にさせた魔法の言葉や、逆に、つい言ってしまった失言はありますか。

阿部さん　「第一志望校に合格したら、楽しいことが待ってるよ」のように、将来の中学校生活をイメージさせるような言葉が効果的でした。

河合さん　私からではなく、合宿の授業で聞いた「為せば成る」という言葉が心に残っていたようです。逆に、「○○はもうやった?」のような言葉をよく言ってしまいました。これが失言にあたりますかね。

中藪さん　一回だけ「もうダメかもね」と言ってしまったことがあります。失言だったかなと思う一方で、その言葉で逆に奮起してくれたような気もしているのですが…。

――成績が伸びたと実感できた時期はいつですか。また、そのきっかけを教えてください。

阿部さん　6年生になった時、学年の切り替わりですかね。NNAコースも始まり、上手く受験生としての意識が芽生えたのかもしれません。

河合さん　NNで大谷先生に国語の指導を受けて、2～3か月過ぎた頃からでしょうか。本人もコツをつかめたようで、成績が伸びましたね。

中藪さん　大きく伸びたというより、成績は平均的に推移していました。ただ、周りのお子様が頑張っている中で成績を下げることはなかったので、努力していたんだと思います。

阿部さん

――将来の受験生へ一言お願いします。

阿部さん　努力は必ず実ると思います。コツコツと努力することで、合格を勝ち取ってください。

河合さん　結果が出るまで時間がかかることもあるとは思いますが、最後まであきらめずにがんばってください。

中藪さん　努力することは素晴らしいと思います。結果が良くても悪くても、無駄なことは一つもありません。全て自分の成長につながります。

フェリス女学院中学校

〒231-8660 神奈川県横浜市中区山手町178
ＪＲ根岸線・京浜東北線「石川町駅」徒歩７分
TEL.045-641-0242

●著名な卒業生
大島 さと子（タレント）
中島 ちさ子（ジャズピアニスト）

直前にそっくりテスト（算数）で鍛えていただき、難易度の高かった入試問題でも、合格ラインをクリアすることができました。

阿部さん

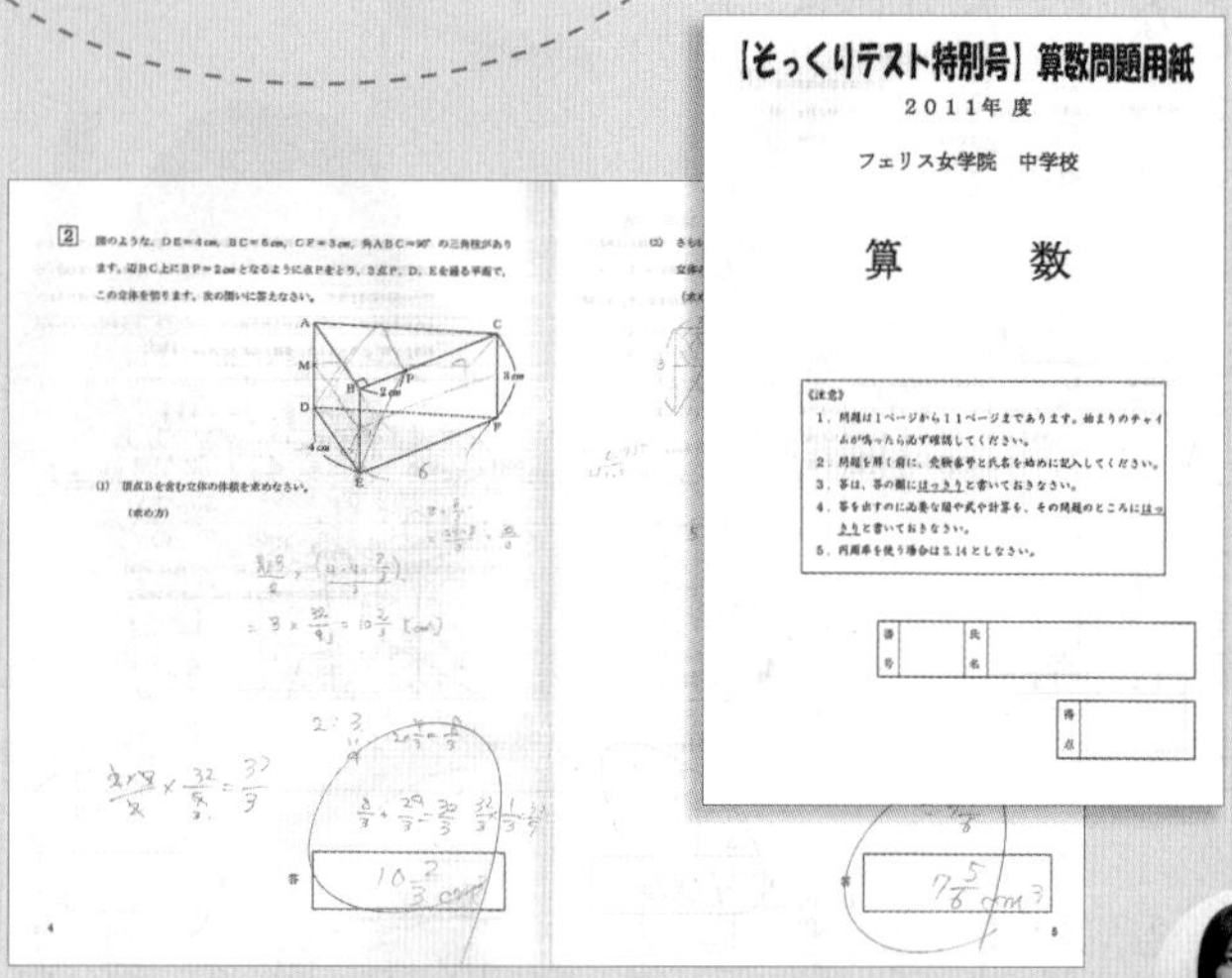

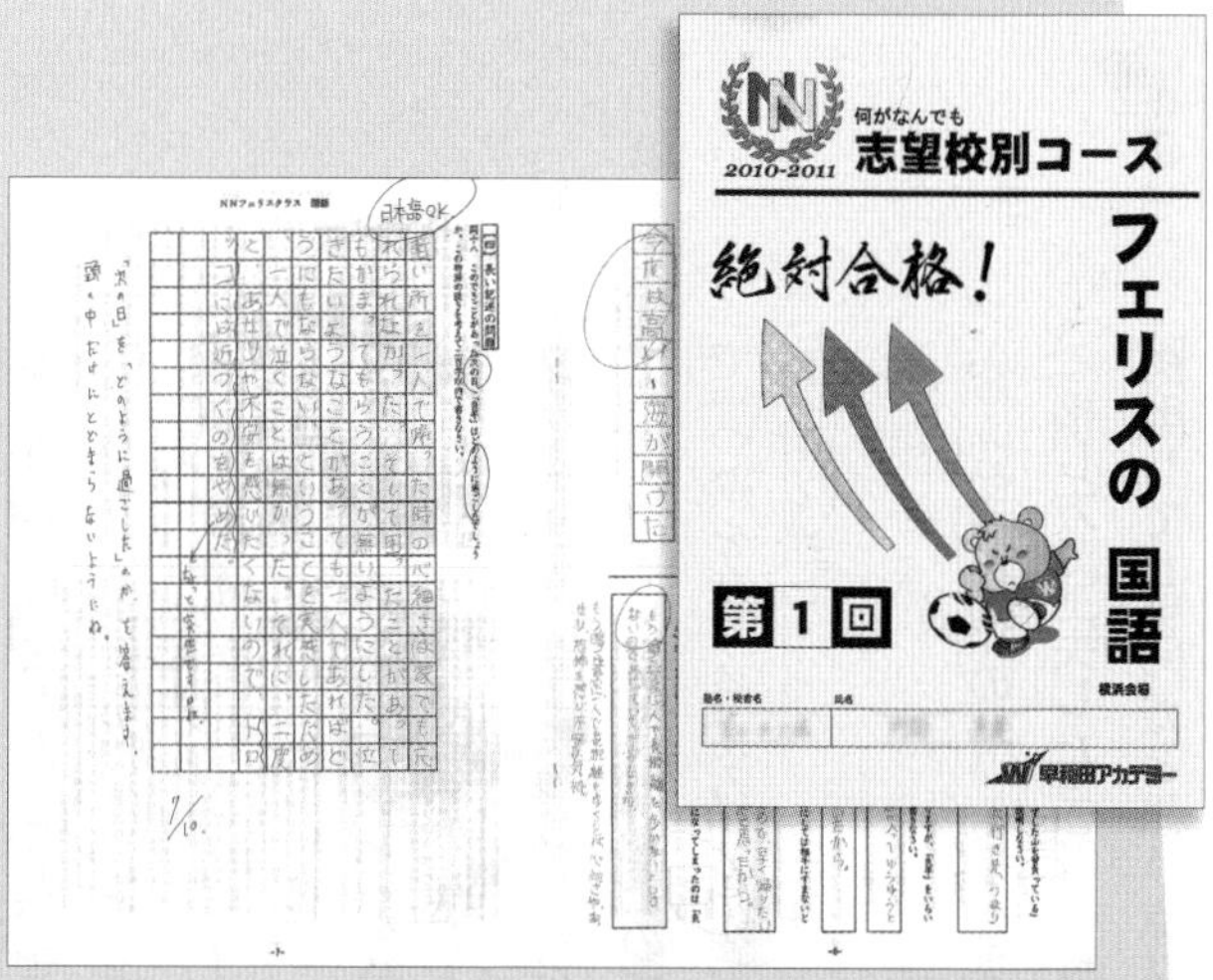

苦手だった国語を大谷先生に対応していただき、入試本番でも自信を持って臨むことができました。

河合さん

面接の練習もしていただき、とても効果的でした。

中薮さん

フェリス合格特化対策によって あなたの夢をかなえる NNフェリスクラス

NNフェリスクラス責任者
大谷先生

早稲田アカデミーのNNフェリスクラスでは、20年以上にも渡って入試問題を分析し、作成した、問題的中率の高いオリジナルテキストを使用しています。フェリス専門のエキスパート講師が、「フェリスに出る内容のみ」を厳選して提供します。

NNフェリスクラスの特化対策によって、見事合格を勝ち取った阿部さん、河合さん、中薮さんのお母様に、特に効果的だった対策や教材についてお話をうかがいました。

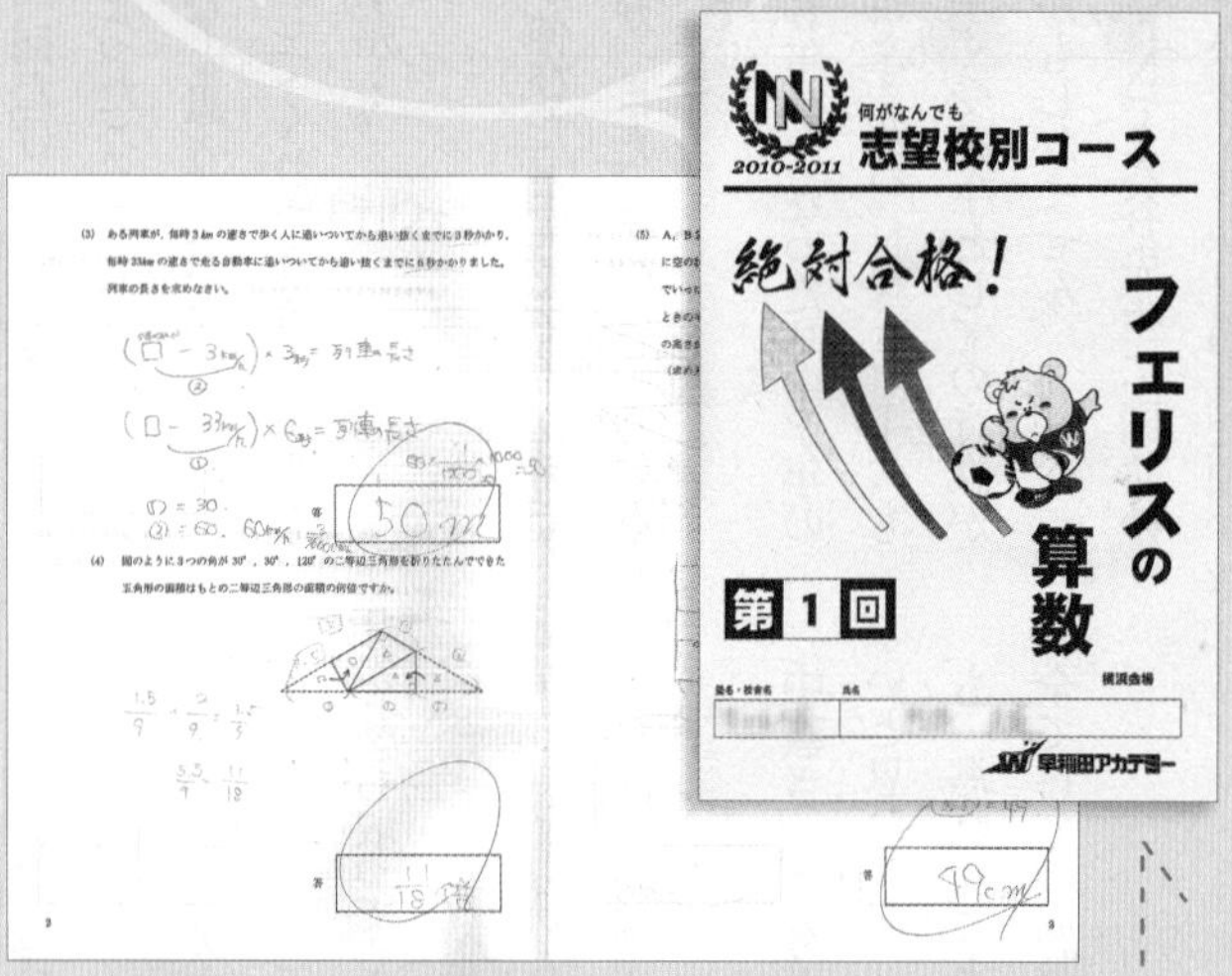

分からなかった問題、解けなかった問題があれば、必ず授業後に残って質問していましたね。疑問点を即座に解決することができ、とても効果的でした。オリジナルテキストをボロボロになるまで復習したことが、合格につながったんだと思います。

阿部さん

NNフェリスクラス
算数担当　三浦先生

フェリスの算数では、“数の性質・平面図形・速さ”からの出題が目立ちますので、重点的に学習しましょう。また、解答欄には“求め方”と書かれた欄があり、途中式や図などを書かせる形式になっています。途中式だけではなく、図などを利用しながら考える習慣を身につけることが、算数の学習においては大切です。

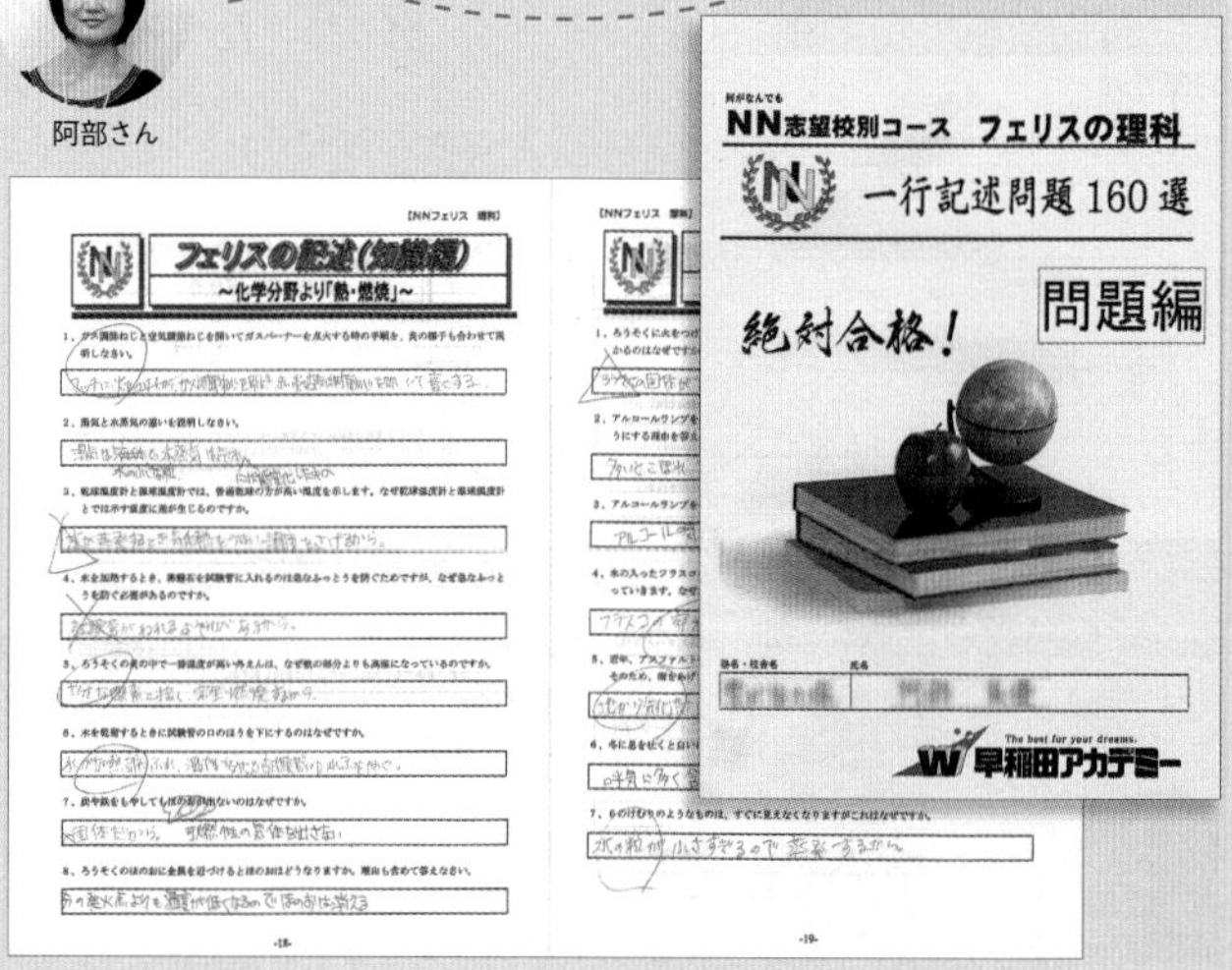

先輩保護者がズバリ答える、お悩み相談Q&A

Q
過去問演習はいつから始め、また、何年分解きましたか。第一志望校から第三志望校までどのように対応したか教えてください。

A
中薮さん　秋、10月頃だったと思います。NNクラスから指示が出て、第一志望校は5～10年分ぐらいですかね。第二志望以降は3年分ぐらいだったと思います。過去問の管理は、保護者の方がされることをオススメします。

河合さん　秋頃から始めて、第一志望校は少し古い年度も含めて10年分です。他の学校は3年分ぐらいですかね。マルつけは私が行って、記述問題は早稲田アカデミーの先生にチェックしていただきました。

阿部さん　第一志望校はやはり10年分ぐらいで、始めたのは9月か10月頃です。第二、第三志望校は、週に1校ペースで3年分ぐらいです。1月の受験校は1年分だけ解きました。

Q
塾の宿題や過去問演習に時間がかかり、就寝時間が徐々に遅くなりつつあります。途中でも中断させて、早目に寝かせた方が良いのでしょうか。

A
中薮さん　娘の場合、体力的なことも考えて、早目に寝かせるようにしました。できるだけ早く寝かせた方が良いと思います。

河合さん　遅くまで起きていると翌日に影響が出るので、早稲田アカデミーの授業がある日でも、早目に寝かせるべきだと思います。

阿部さん　遅くとも23時30分には寝かせていました。6年生の時は、少し早めに起きて、算数の計算トレーニングをしていました。睡眠時間は多い方が良いでしょうね。

Q
面接試験のある学校を受験予定です。どのようなことに気をつければ良いでしょうか。

A
中薮さん　娘は声があまり大きい方ではないので、発声練習をさせました。

河合さん　NNの面接練習で「言葉づかい」について指摘をされました。子どもは大人と会話をする機会がそれほど多くないので、意識的に気をつけるようにさせました。質問をよく聞いて、ハキハキ答えれば大丈夫だと思います。

阿部さん　娘にも意識させましたが、「質問されたことにだけ、正確に答える」ことが大切です。また、姿勢を正して、はっきり答えることがポイントですね。

Q
受験直前期、ご家庭内の雰囲気はいかがでしたか。意識的に変えたことや、気を遣ったことなどはありますか。

A
中薮さん　雰囲気は特に変わりませんでした。ただ、少し明るく振舞うようには心がけました。あとは食べ物ですね。なま物は避けるようにしました。

河合さん　1月に入ってから緊張感が少し高まったぐらいです。学校でインフルエンザが流行っていたので、体を温かくしたり、早めに休ませるなどの対策を念入りに行いました。

阿部さん　緊張感は出てきましたが、雰囲気は大きく変わりませんでした。私も明るく振舞うようにはしましたね。あと、1月に入ってから、生活スタイルを朝型に切り替えました。

6年後
夢をかなえる
中学校

夢中

國學院大學久我山中学校

SCHOOL DATA

〒168-0082 東京都杉並区久我山1-9-1
井の頭線「久我山」駅より徒歩で12分
京王線「千歳烏山」駅よりバスで10分
TEL.03-3334-1151

平田陽子先生

〝思いやりと感謝〟の心を育むことが久我山教育の基盤

社会で求められる学力や知識は、時代とともに変化しますが、ひとりの人間として必要な力は「他者を思いやる心と素直に感謝する心」です。國學院大學久我山中学校では、〝思いやりと感謝〟を基盤に、社会に貢献するための心の力を養っていきます。

中学1、2年の前期では、学習や行事を通じて〝心の教育〟を行います。「自分は、多くの人に支えられて生きているんだ」ということを学び、他者の中にいる自分を認識します。中学3年、高校1年時の中期では〝自己確立〟をテーマに、自分の存在意義を理解し、社会における自分の在るべき姿を模索していきます。そして、高校2、3年の後期は、自分の将来に向けて大学受験を行う〝自己実現〟の時期です。この3つの段階を通して夢の実現の第一歩を踏み出します。

〝思いやりと感謝〟の気持ちは周りの人と接することではじめて価値が生まれます。6年間を通じて育んだ知識と経験、そして〝思いやりと感謝〟の心によって他者を幸福にし、自分も幸せになる。それが、社会に貢献していく原動力になるのです。その力の土台を國學院大學久我山中学校で育んでほしいと願っています。

男女別学 成長段階にあわせた進路指導

國學院大學久我山中学校では、進路指導の一環で「職業調べ」という授業を行っています。これは、女子部は中学2年から、男子部は、中学3年から始めます。開始時期が違う理由は、中学段階は思春期にあたり、成長段階が男女で多少異なるためです。それぞれに合った方法で適性を計らいながら、成長できる教育を行っています。

心の教育 女子

心と密接に関わってくるのは、言葉。中学1年の時には元NHKアナウンサーの方にお越しいただき、「正しい言葉の使い方」を勉強します。そこから、生徒たちに学んでほしいことは、〝言葉で人を喜ばせることができること〟〝言葉で人を傷つけたり悲しませたりすることがあるということ〟つまり「言葉の持つ力」です。自分の発する言葉がどれだけの影響力を持つのかを学ぶことにより、他人の悪口を言ったり、相手を攻めたりすることが少なくなります。

はなしことば教室

また、日本の伝統文化から教養と精神を身に付けるために、中学2年の時には華道実習、中学3年の時には茶道実習という特別講座があります。中学2年の華道では、「花と語らう」をキーワードに、「花がどの方向に向きたいのか？」を花に問い、自然を考えながら美しい形を創り上げます。中学3年は茶道です。「一期一会」をテーマに、自分が心込めてお茶を立てて差し上げる。そして、いただいた側は、感謝の意を込め、お茶碗を絵柄の方を相手に向け回してからいただく、そのような一つひとつの所作が相手に対する思いやりになります。日本人としての教養として、華道と茶道で〝形〟を学び、その精神の根底を成す〝他者を思いやる心〟をこの講座で育んでいくのです。

女子生徒は、同じ価値観持ったもの同士で集団行動をする傾向があります。この「心の教育」は、〝一人ひとり違う個性や価値観を持っている〟ということを学び、今後、学校生活を送るうえで、他者の個性や価値観を尊重し、自分を知るきっかけになることを目的としています。

職場訪問・職場体験 女子

中学2年の5月に、いくつかのグループに分かれ、様々な業種の会社を訪問する「職場訪問」があります。「職場訪問」では、〝働くとはどういうことか〟について学びます。

そして夏休みには、「職業体験」をしてもらいます。生徒が自分で行きたい職場を選び、アポイントを取り、実際に休験してレポートにまとめます。この「職業体験」を通じて、〝自分は何になりたいのか？〟〝自分にできることは何か？〟を真剣に考えるようになります。

「職業体験」のレポート

武道を通じて他者を知り、自分を知る 男子

筋の通った強さを育てるために、「礼に始まり礼に終わる」という礼節を男子生徒は学びます。対峙している相手の方は勝負の相手ではない。同じ時間、同じ空間を共有する、共に生きていく仲間と正面から向かい合い、〝勝負をさせていただく〟〝今ある自分の力を試させていただく〟という感謝の思いで相手と向き合うことが、國學院大學久我山中学校の武道の教えです。共に生きていくことを互いが共有し、喜びとしていくことを武道を通じて学んでほしいと考えています。

柔道実習の様子

國學院大學久我山中学校で見つけた”私の心の原点”。実り多かった学校生活から、人と接するうえでの基礎を学びました。

未来のために久我山でできる3つの実践

國學院大學久我山中学校
OGリポート

塚田祐子さん　千葉大学　看護学部 看護学科

日本舞踊を習っていた両親の勧めから、華道や茶道などを通じて日本文化を学ぶことができる國學院大學久我山中学校を受験しました。

私が國學院大學久我山中学校で初めに学んだことは「しっかりと挨拶をする」ことです。ただ、先生から「しっかりと挨拶をしなさい」と厳しく言われたのではありません。学校生活を送る中で、先生や友だちと「おはよう」、「こんにちは」と明るい笑顔で挨拶しているうちに、自然と身についたことです。決して形だけの挨拶にならない理由には、「相手と向き合っている」という意識や「思いやりと感謝の心」を國學院大學久我山中学校では学ぶことができたからです。

さらに私は、生徒会の副会長をしてました。その時、周りの人のことをあまり考えず、私一人だけでがんばり、周りの人と少し関係が悪化してしまったことがありました。このような状況にならないように、「思いやりと感謝の心」を持つことの大切さを教わっていたにも関わらず…。ただ、そのことを失敗だと思うことができたのは「思いやりと感謝」の気持ちを改めて見直すことができたからです。その後はみんなと協力できるようになり、一年間で一番大きなイベントのひとつ、久我山祭を生徒会中心にまとめることができたことは、今でも大切な思い出のひとつです。

現在、千葉大学の看護学部看護学科で看護士を目指す傍ら、被災後、復興支援のため、石巻市などの避難所を回るボランティア活動も行っています。このボランティア活動を通じて、病院の中だけで働く看護士ではなく、地域に深く入っていける主体的に動ける看護士を目指すようになりました。人の幸せを自分の幸せと感じることが社会貢献につながっていくと信じています。

主要な大学合格実績

国公立大学

平成23年度	平成24年度
73	93

東京大学	5
一橋大学	3
東京工業大学	6
筑波大学	4

早慶上智理科

平成23年度	平成24年度
192	285

早稲田大学	92
慶應義塾大学	51
上智大学	61
東京理科大学	81

MARCH

平成23年度	平成24年度
230	368

明治大学	117
青山学院大学	64
立教大学	56
中央大学	72
法政大学	59

1 社会で活躍できる女性になるために

女子錬成館という建物が國學院大學久我山中学校にはあります。そこにある和室では、主に茶道や華道の実習を行います。将来、社会で活躍するために、どんな場面においても必要となる教養、日本人としての品格、心を学びます。

和室

2 “自己実現”を促す

男子部と女子部との間に「学習センター」という、自習室や図書室が入っている建物があります。ただ、「学習センター」といっても勉強するだけの場所ではなく、カフェテリアや保健室も設置されています。いろいろな場面で生徒が集まるコミュニケーションスペースでもあります。何事にも自ら主体的に取り組む姿勢を育むことができる施設が「学習センター」です。

学習センター

3 勉強と部活を両立させる

勉強においても部活においても高い目標を設定し、また、それを実現できる環境を作ってくれるのが國學院大學久我山中学校。ある先生が部活動について、「勉強と両立させることに意味がある」とおっしゃっていました。授業や試験も一切手を抜かず、部活でも全国大会や甲子園を目指す友人もいました。勉強や部活動のどちらかに偏るなることなく、何事にも真剣に取り組むことができる環境が整っていることが大きな魅力です。

体育館

12/26（水）～29（土）
1/4（金）～7（月）

※校舎により一部日程が
異なる場合がございます。

早稲アカで夢を叶える!

小1～小6 受付中!

冬期講習会

早稲田アカデミーイメージキャラクター
伊藤萌々香（Fairies）

11/23㊗のイベント 入試本番 体験講座

詳しくはホームページをご覧ください。
早稲田アカデミー　検索

開成志望者の頂点に立つの誰だ?

開成の日

午後受験
別日受験
できます

開成中合否判定模試＆
合格解答必勝法

無料

★この判定模試は何から何まで入試本番そっくり!
並居るライバル達に差をつけよう!
★模試後の解説授業で「開成中合格の秘訣」を伝授!
ズバリ合格答案の作り方を公開します。
★講演会では、年末・年始の追い込み時期に必要な情報を漏れなくお伝えします。
★受験者全員に、①開成理社直前暗記ブック ②開成・筑駒合格国語記述ドリルを無料進呈!

麻布の入試をそのまま再現する
イベントが遂に登場!

麻布の日

午後受験
別日受験
できます

入試予想テスト＆
入試対策最終講演会

無料

★集合から解散まで全く同じ時間で行い、本番を体感するイベントです!! 麻布中の定期試験を分析し、来春の入試を予想した完全オリジナルテストを無料実施。
★講演会で“合格の要”国語の採点ポイントと、麻布中の定期試験の分析から得られる得点になる答案・ならない答案を比較公開! さらに、過去に実施された「有料麻布オープン模試」を保護者の皆様に無料進呈!

武蔵志望者の半数近くが受験予定
“最大規模の武蔵イベント”

武蔵の日

午後受験
別日受験
できます

入試予想テスト＆
入試対策最終講演会

無料

★昨年は半数近く（事後含）の武蔵志望生がテストを受験。合否判定精度はNo.1と自負!
★来春の武蔵中入試を予想した完全オリジナルテストで並居る強豪達と一騎打ちを。
★講演会では、高得点がとれる答案を紹介しその作成方法にも切り込んでいきます。さらに「武蔵中過去問実物コピー（国語無）」（1993～1997）および「武蔵対策DVD」を無料進呈!

2月1日を疑似体験!

桜蔭・女子学院・雙葉・フェリス 入試本番を疑似体験

無料

●入試そっくり模試で残り2ヶ月の課題発見!
●入試本番さながらの模擬面接も実施!
●2月1日を疑似体験できる
大人気講座で合格へ大きくリード!

桜蔭クラスは
保護者模擬面接も
実施

〈生徒対象〉
入試本番体験講座
1.入試そっくり模試
2.現役生による入試アドバイス
3.模擬面接

〈保護者対象〉
入試対策講演会
1.入試問題予想
2.願書の書き方
3.入試当日の動き
4.併願校のアドバイス

何から何まで慶應義塾普通部合格の
ために徹底するイベントです!

慶應義塾普通部の日

別日受験
できます

入試本番体験講座
（テスト・面接練習・講演会）

無料

★単なるそっくりテストだけではなく、グループ指定の模擬面接試問まで実施します!
★そっくりテストと面接試問の結果を記した詳細な帳票を後日返却!
★講演会では、慶應志望者から必ず相談される「体育実技」の説明はもちろんのこと、願書作成についても余すところ無く公開。保護者の皆様に直に作成練習していただきます!

当てに行く予想テスト＆
教頭先生の講演から合格情報を掴め。

駒東の日

午後受験
別日受験
できます

入試予想テスト＆
入試対策最終講演会

無料

★10月学校説明会の内容を受けて作成した完全オリジナル入試予想テストです。
★受験者全員に詳細な成績結果帳票を発行します。
★入試対策最終講演会では、駒場東邦中教頭先生によるご講演が行われます。あわせて、NN担当が年末・年始の追い込み時期に必要な情報を漏れなくお伝えします。

渋幕志望者全員集合!
今年も渋幕の入試を当てに行きます。

渋谷幕張の日

午後受験
別日受験
できます

入試予想テスト＆
入試対策最終講演会

無料

★11月10日学校説明会で公表された出題分野を反映させた“究極完全予想”テストです。“出題される問題を予想し、当てにいく”つもりで作成します。
★入試対策最終講演会では、渋谷幕張中・永井先生によるご講演＋質疑応答が行われます。
★受験者全員に、①渋谷幕張中予想問題そっくりテスト＆解答解説集 ②渋幕の作図で使える! コンパスセットを無料進呈します!

栄光予想テストで最終シミュレーション!
栄光学園教務部長望月先生の講演も同時開催!

栄光の日

別日受験
できます

入試予想テスト＆
入試対策最終講演会

無料

★10月の学校説明会の内容から分析した完全オリジナル入試予想問題で合否を判定します。
★対策講演会では、栄光学園教務部長望月先生のご講演と質疑応答が行われます。
★さらに入試問題研究会では栄光特有の「記述」の「あと5点」の取り方を伝授します。
★受験者全員に「栄光学園予想問題そっくりテスト＋解答・解説集」を無料進呈!

小6
男子対象

何が何でもラ・サール中に合格したい君へ
ラ・サール11年連続V 中高225名合格の

九州 自立した社会人の育成を目指す総合学習塾 英進館 主催

第3回（最終回） 11月10日㊏

ラ・サール中 公開実戦統一模試

お問い合わせはお気軽にどうぞ。 早稲田アカデミー 本社教務部 お電話で 03（5954）1731まで。 パソコン・携帯で 早稲田アカデミー 検索みんなのおいしいのために。
レシピ大百科®　Kids《キッズ》 子どもが食べたくなるアイディアがいっぱい!

おいしく食べて、ママも子どももみんなHAPPYになぁれ♪

忙しいママ必見!

クラスのアイドル弁当

鶏肉と野菜を甘辛く照り焼きに。子どもが大好きな味＆栄養バランスGOODな鶏の照り焼き弁当☆
電子レンジで作れるやさしい甘さのほうれん草とコーンのごまあえ、
簡単！混ぜるだけの青のりとごまのふりかけをごはんにかけて、彩りよくにぎやかなお弁当！

鶏の照り焼き弁当 (材料は2人分)

青のりとごまのふりかけごはん

ご飯…240g
「味の素」…7～8ふり
Ⓒ いり白ごま…小さじ1・1/2
　 青のり…小さじ1
　 砂糖…小さじ1/2
　 塩…少々

鶏と野菜の照り焼き

鶏もも肉…1/2枚
さやいんげん…4本
ミニトマト…4個
「丸鶏がらスープ」…小さじ1/2
小麦粉…小さじ2
Ⓐ みりん…大さじ1
　 酒…大さじ1
　 水…大さじ1
　 しょうゆ…小さじ1/2
サラダ油…小さじ2
※直径20cmのフライパンを使用

ほうれん草とコーンのごまあえ

ほうれん草…30g
コーン缶…小さじ2
「ほんだし」…小さじ1/2
Ⓑ すり白ごま…小さじ2
　 砂糖…小さじ1/2

「丸鶏がらスープ」

「ほんだし」

「味の素」

作り方（調理時間約15分）

①切る・下味つけ
鶏肉は2～3cm角に切る。
「丸鶏がらスープ」をもみこみ、小麦粉をまぶす。
さやいんげんは2～3cmの長さに切る。
ミニトマトは半分に切る。

ポイント
ここまで前日仕込みOK.だから、朝は焼くだけ！

ポイント
肉に小麦粉をまぶすと味がしっかりからみ、汁気も吸ってくれるので、汁モレ防止になるよ！

②レンジで加熱
耐熱皿にほうれん草をのせ、ふんわりとラップをする。
電子レンジ（600W）で1分加熱する。

③水にさらす
水にさらし、水気をきって、2cmの長さに切る。

④あえる
コーン、「ほんだし」、Ⓑを加えてあえる 。

ポイント
すりごまを加えると、風味がアップ！水分を吸って、汁もれ防止にもなるよ！

⑤ふりかけを作る
「味の素」、Ⓒを混ぜ合わせる。

⑥焼く
フライパンで油を熱し、①の鶏肉を両面に焼き色がつくまで焼く。
さやいんげんを加えて炒め、Ⓐを入れ、煮からめる。
ミニトマトを加えてサッと混ぜ合わせる。

ポイント
鶏肉の脂は軽く拭き取ると、たれのからみがよくなって、おいしさアップ！

盛り付けポイント
ごはんをお弁当箱の半分ほど詰め、青のりとごまのふりかけをかける。ごはんのとなりに鶏の照り焼き、ほうれん草とコーンのごまあえを詰める。

画像提供：味の素株式会社

早稲田アカデミーNN開成クラス理科担当の阿久津豊先生が解説

アクティ&おかぽんが 白洋舎 多摩川工場に行ってきました!

クリーニング品の種類

大切にしている衣類にシミや汚れが付いてしまったら…。そんな時はクリーニングに出しているのではないでしょうか。今回は東京23区の南側（川崎市の一部を含む）から集まる衣類のクリーニングを行う、白洋舎の多摩川工場に行って、実際にクリーニングが行われている現場を見学してきました。

問題

工場に一番多く衣類が集まる時期はいつでしょう?

1. 春　2. 夏
3. 秋　4. 冬

答えはP13の下にあるよ!

基本的なクリーニングの工程　①検品 → ②洗浄 → ③仕上げ → ④検査・発送

1 検品

各地域から集められた衣類は、ほつれや破れなどがないか、ポケットにものが入っていないかを確認し、ボタンもチェックします。この日はドライクリーニングをする衣類の検品作業を見学しました。

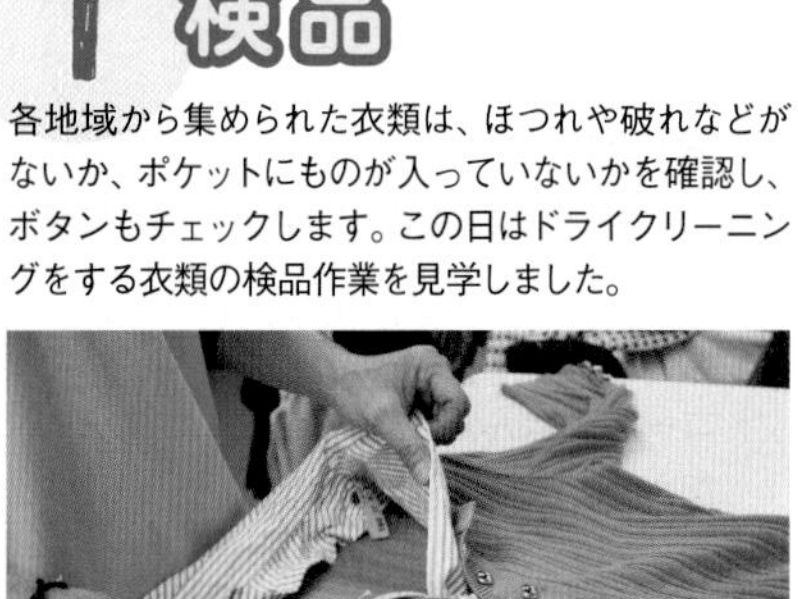
衣類のチェック

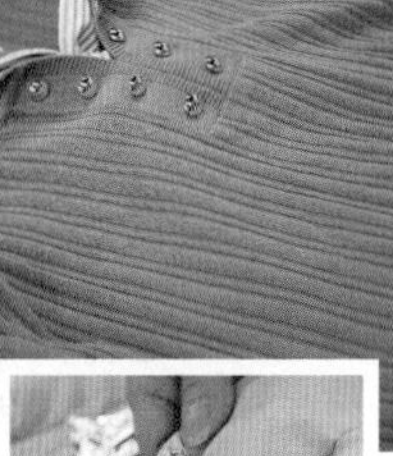
ボタンの保護

Point!
傷がつきそうなボタンの保護はここで行うんだ。

2 洗浄

検品後、高さ2m以上の巨大な洗濯機で洗浄します。写真はYシャツなどを水洗いしている様子。

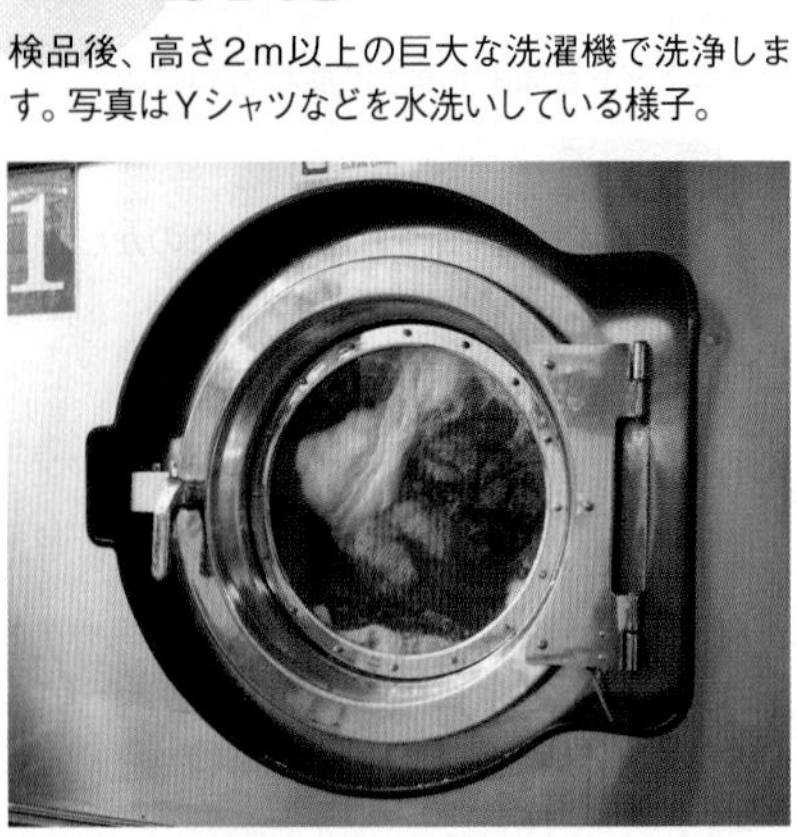
最大60kgの量を洗うことができる洗濯機

家庭にある洗濯機は、通常7〜9kgの衣類を洗うようにできているんだ。こうした大きい洗濯機を使うことで、汚れを落とす力が増すんだ。

株式会社白洋舎について

白洋舎 CLEAN LIVING

1906年、創業者の五十嵐健治氏が東京日本橋に開業、翌年には日本で初めてドライクリーニングを始めました。創業開始から100年以上、全国に約800の店舗を展開するクリーニング業界のリーディングカンパニーとして発展し続けています。

洗濯の歴史

多摩川工場には、洗濯、クリーニングに関する資料や道具、当時の機械が展示されている五十嵐健治記念洗濯資料館があります。

明治から大正期にかけて使用されていた洗濯道具の数々

実際に昭和30〜40年頃まで工場で使われていた洗濯機

4 検査・発送

きれいになった衣類は最終検査後、包装され、各店舗へ出荷されます。

手作業で梱包する様子

出荷する地域や店舗毎に機械で自動的に仕分けられるんだ。

出荷される地域毎に分類

3 仕上げ

白洋舎の多摩川工場に集まる衣類の中で最も多いのがYシャツ。工場見学では、Yシャツがクリーニングされる様子も間近で見ることができます。

1日にクリーニングするYシャツの数
3000枚！

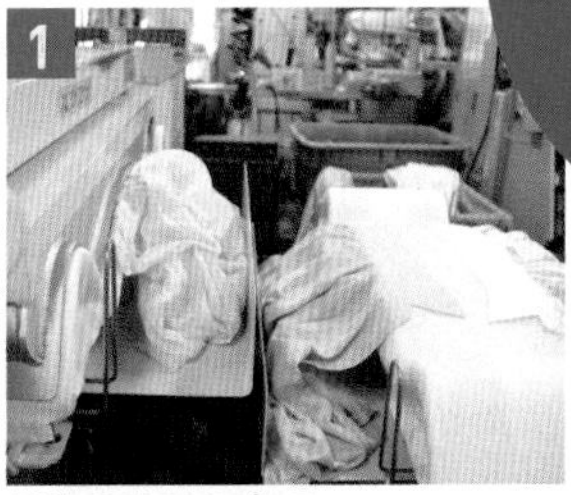

えりとそで口からプレス

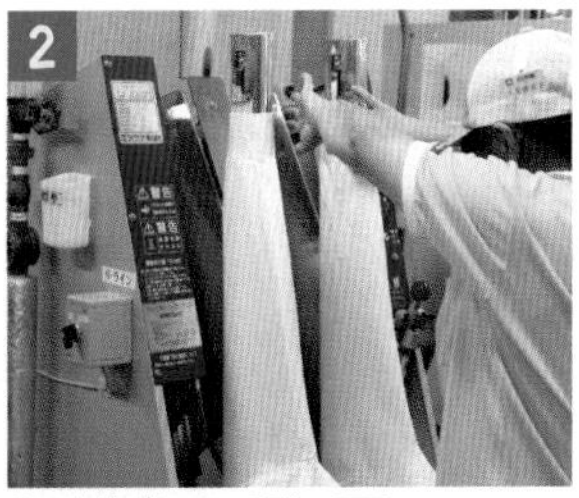

そでを伸ばしている所

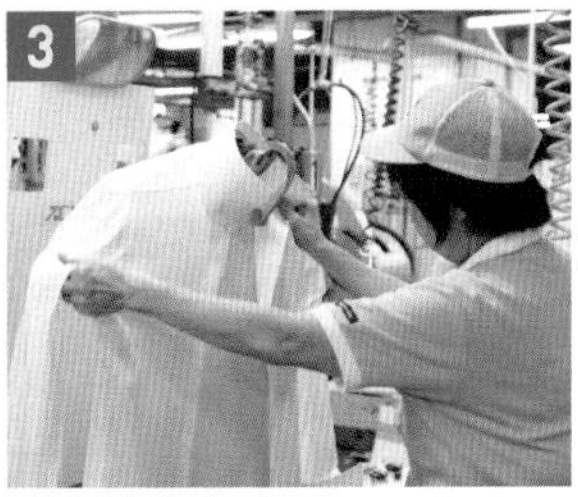

前と後の身ごろ

最後は手作業によるアイロンがけ

匠の技

積み重ねた経験と培われた技術。最新の設備を利用したクリーニングはもちろん、白洋舎が誇る「匠」の手によって、衣類がクリーニングされている様子を見てみましょう。

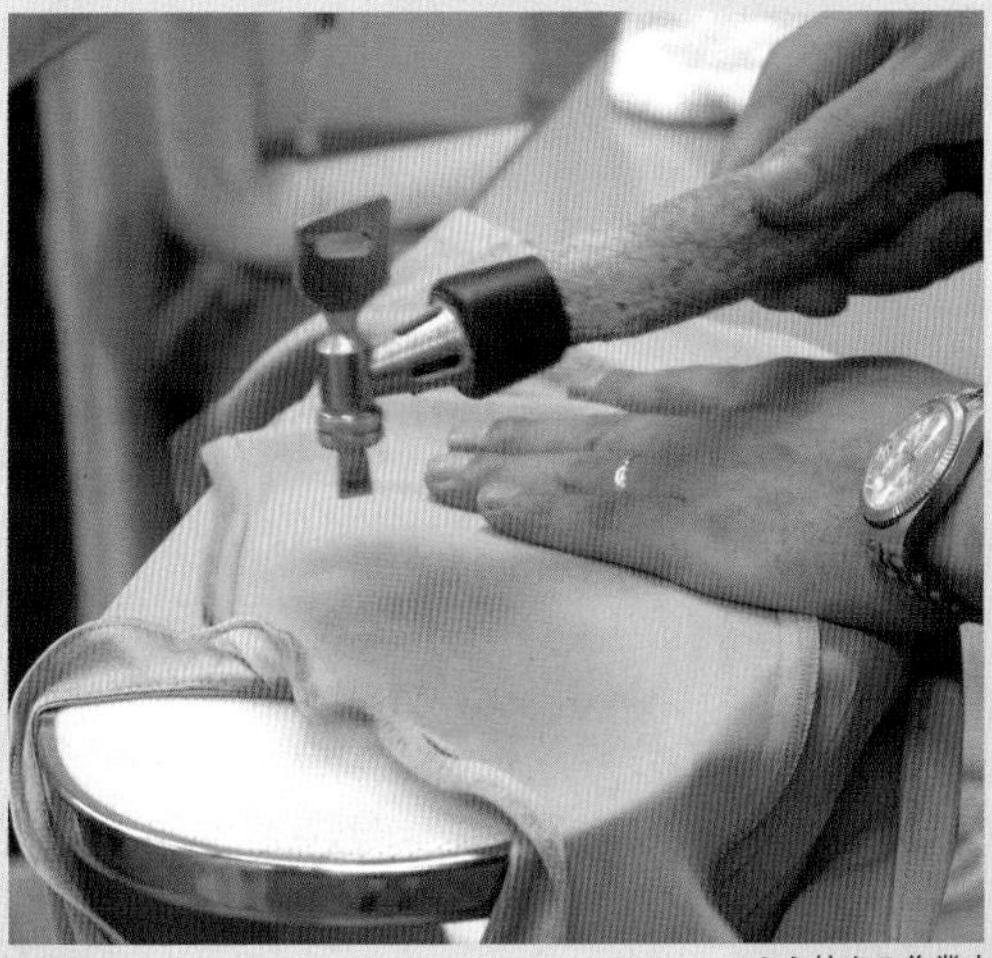

シミ抜きの作業中

シミ抜きの匠には、技術はもちろん、何の汚れか「推理」する「経験」も必要なんだ。これはかりは機械で行うことはできないんだよ。

シーツの仕上げ作業中

二人一組で行うシーツの洗濯は、二人の息が合わないと作業が進まないんだって。

Yシャツ以外のクリーニング

Yシャツやスーツ以外にも、毛皮や演劇用の衣装、ウェディングドレスなどのクリーニングも白洋舎では行っています。

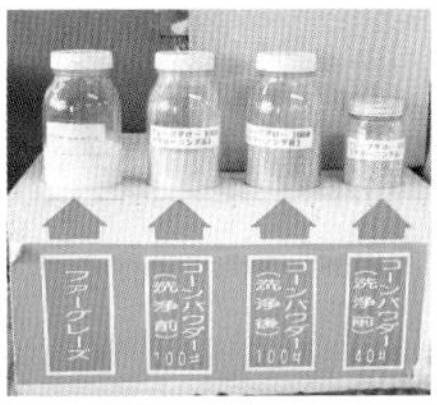

毛皮をクリーニングするのに使う洗浄用コーンパウダー

スーツの型に合わせて蒸気と風圧で形を立体的に整える

ドライクリーニングって何？

ドライクリーニングとは、1840年頃にフランスで開発された洗浄方法で、白洋舎は日本で最初にドライクリーニングを始めた企業です。

ドライクリーニングは、水洗いでは落とせない油汚れ、水洗いで生じやすい型崩れ、色落ちなどを防ぐために、有機溶剤を使用して衣類を洗う方法です。

ドライクリーニング用の特殊な洗濯機

ドライクリーニング用の洗濯機は、水を使わず、有機溶剤を蒸留、ろ過しながら循環して使うことで、リサイクルをしているんだよ。

白洋舎　多摩川工場　見学のご案内

D A T A

所在地	東京都大田区下丸子2-11-1
最寄駅	東急多摩川線「下丸子駅」から徒歩7分
料金	無料
受付時間	10:00～18:00
連絡先	03 - 3759 - 1336
見学実施期間	7～8月、11～3月の月～金曜日（祝祭日・年末年始等を除く）
人数	10～40名（団体でお申し込みください）
HP	http://www.hakuyosha.co.jp/company/06/

●答え：1の春。春の衣替えの時期は、1日20000点もの衣類が集まります。

私学の図書館

ただいま
貸し出し中

みなさん、読書は好きですか？今回は、各中学校の先生方から「この時期に落ち着いてじっくりと読んでもらいたい本」をご紹介いただきました。ぜひ一度、読んでみてください。

日本大学第二中学校

誰もが持って生まれてくる才術という魔法によって支えられているエテルリア国。しかし「マジックアウト」により才術は消滅し、エテルリアは亡国の危機に瀕する。由緒ある家系に生まれながら、才術を持っていないため差別されていた少女アニアは、国を救うために古文書から得た知識で電力不足を解決するための風力発電装置を作ることを提案するが・・・。著者は本校の卒業生です。

(司書教諭　片山　真澄 先生)

「マジックアウト1
アニアの方法」

著　者：佐藤　まどか
絵　：丹地　陽子
価　格：1,575円（税込）
出版元：フレーベル館

エテルリア国は、だれもが才を持つ国。そんななか、無才人として生まれた14歳の少女アニア。アニアは書物を読んで暮らしていた。そんなときに、国を覆う暗雲が・・・。長編本格ファンタジーの幕開け。

全校生徒の様々な姿や顔を見続けて46年間。歴史と伝統を感じさせるレンガ作りの建物です。温かみのある落ち着いた静かな雰囲気の中で、生徒たちの自習や読書活動の支援を続けています。

明治大学付属中野中学校

私たちがあまりにも簡単に使っている“言葉”というものの奥深さを楽しく明かしてくれます。いろはカルタの読み札であらわされている状況、漢字は分解するとパズルになる、自分なりに言葉の解釈を考えてつくる辞典など、言葉に潜む数々の面白さを気付かせてくれます。読んでいるうちに、ふと、あれはどうとか、これはどうだろうなどと他の言葉についてまで考えてしまうでしょう。日本語はとてもユニークで楽しい言葉です。(図書館司書　葛野　律仁 先生)

「日本語の冒険」

著　者：阿刀田　高
価　格：1,575円（税込）
出版元：角川書店

日本語を読み、書く高さを綴る教養エッセイ。

デジタル時代だからこそ、よい日本語を身につけたい。コミュニケーションの齟齬を防ぎたい。どんな時もついてまわる、言葉と日本語の問題に、教養書の第一人者がユーモアたっぷりに迫る！

中学1・2年生教室棟に中学図書館、高校教室棟に面した事務職員棟に高校図書館の2室あります。人員は図書館に常駐している専任と嘱託の司書が1名ずつと各学年から2名ずつの係教師で運営しています。定期的な図書館からのおすすめ本紹介やテーマに応じた関連図書展示などで生徒の目に留める機会を増やし、生徒が何か面白そうだなと思うものと出会える場所としていろいろ工夫しています。中高生は様々なものに興味を抱くときです。そんな好奇心でいっぱいの彼らに、大きく世界を広げていける本を幅広く、時にちょっとユニークなものまで並べています。小説などの物語ばかりでなく、ちょっと面白そうな雑学知識系の本、大学受験も見越した専門的な分野の一般書など、図書館司書・図書館担当の係教師・各教科の先生方から、おすすめなどを持ち寄り、学校をあげて、読む機会が増える楽しみに触れさせていくことを目指しています。

早稲田摂陵中学校

この作品は、死んだ友人カムパネルラと一緒に、貧しい少年ジョバンニが、銀河鉄道に乗って宇宙旅行をするという童話です。旅行中にさまざまな乗客と出会い、そして、別れていきます。少年の目を通して描かれた世界（宇宙）は青白く澄みわたっており、冷たい悲しさや純粋な美しさに満ちています。

読み返すたびに、新しい発見や謎があり、子どもが読んでも大人が読んでも不思議な描写に引き込まれる作品だと思います。

(校長　安元　祥二 先生)

「新編 銀河鉄道の夜」

著　者：宮沢　賢治
価　格：452円（税込）
出版元：新潮社

星の空を、ひっそりと見あげたことがありますか。そして涙が出ませんでしたか。

貧しく孤独な少年ジョバンニが、親友カムパネルラと銀河鉄道に乗って美しく哀しい夜空の旅をする、永遠の未完成の傑作。賢治童話の豊饒な醍醐味をあますところなく披露する。

蔵書数は約30,000冊。話題の書籍や専門書、貴重な資料まで幅広くそろえています。1階は閲覧室、2階は多目的教室、地下は書庫。昼休みや放課後に多くの生徒達が利用しています。貸し出しはもちろんのこと、PCによる貸し出し予約、購入本リクエストの受付、求める資料や書籍を探すお手伝いをするレファレンスサービスなど、生徒たちの「読みたい」「知りたい」に応える環境が整っています。

光塩女子学院中等科

「はなちゃんのみそ汁」

著　者：安武　信吾・安武　千恵・安武　はな
価　格：1,365円（税込）
出版元：文藝春秋

天国のママとの約束は、毎朝みそ汁をつくること
癌で余命わずかな母が、5歳の娘に遺したもの。「食べることは生きること。たくましく生きて」。生前のブログと、夫の手記で綴る感動作

ガンと闘い、病を受容して前向きに生きた若き母が、生の証として遺したブログ。そこには、愛娘はなちゃんに対する思いの丈と「望まれて生きている」という自己肯定感が溢れています。ブログに添えられた夫の文章と巻頭にあるはなちゃんの自筆メッセージに心が揺さぶられました。生命のリレーを繋ぐことが持つ意味と、一人一人がかけがえのない存在であることを実感させてくれる珠玉の一冊を、家族でご一緒にお読みください。
（国語科主任　佐野　摩美 先生）

開架書架を中心に約30,000冊の蔵書があります。今秋、図書情報のデジタル化によって検索システムが完備し、小論文対策等のために使用するテーマ検索が充実しています。照明にも気を配った図書館は、自習用スペースとしても人気のエリアです。

サレジオ学院中学校

「モモ」

著　者：ミヒャエル・エンデ
訳　：大島　かおり
価　格：840円（税込）
出版元：岩波書店

時間どろぼうと、ぬすまれた時間を人間にとりかえしてくれた女の子モモのふしぎな物語。人間本来の生き方を忘れてしまっている現代の人々に〈時間〉の真の意味を問う、エンデの名作。

町の人々から「時間」をだまし取る灰色の男達に立ちむかう少女モモの物語。「時間を無駄にするな」という言葉は何気なく生活の中で言われるものですが、本当にそれは「幸せ」につながるのでしょうか。効率化が叫ばれる今の世の中で、ぜひ心の隅に留めておいて欲しい作品です。
（中1学年主任　国語科　森田　恒有 先生）

蔵書数は約23,000冊で、各教科の先生が推薦する書籍をはじめとして毎月100冊前後が入荷しています。本を閲覧するのはもちろんのこと、奥には自習スペースもあり、放課後、多くの中学生・高校生たちが利用しています。

昭和学院秀英中学校

「オシムの言葉　フィールドの向こうに人生が見える」

著　者：木村　元彦
価　格：650円（税込）
出版元：集英社

名将の秀抜な語録と激動の半生
2005年ジェフ市原を優勝に導き、2006年より2007年11月に病に倒れるまでサッカー日本代表監督を務めたイビツァ・オシム氏。数々の名言の背景にあるものとは？

6年前、中1の担任をしていたときからずっとクラスに置いています。読書が苦手な生徒達に、いつも一番よく読まれている本です。かつて、サッカー日本代表チームの監督として活躍したイビツァ・オシム氏の波乱の人生と情熱が、厳しくユーモラスな言葉とともに描かれています。スポーツを入り口とし、社会の問題や生きることについて楽しみながら、深く考えることのできる本です。（国語科　中山　美恵子 先生）

平成2年、昭和学院創立50周年記念事業の一環として設立された独立二階建ての図書館です。自然光が注ぐ明るい雰囲気の中、落ち着いた色調の備品で落ち着き感を出すように工夫しています。蔵書数は50,000冊強。一階は比較的自由に楽しむ読書、二階は調べ学習や自習室にと、生徒自身で使い分けています。「図書館は正しく、役に立つ機関である」という体験と記憶を持ってもらえるよう、掲示物や広報誌上でPRに努めています。

鷗友学園女子中学校

「お父さんのバイオリン」

著　者：ほしお　さなえ
絵　：高橋　和枝
価　格：1,575円（税込）
出版元：徳間書店

小学校6年生の梢は、お母さんとふたりぐらし。幼い頃交通事故で亡くなったお父さんはバイオリン奏者だった。梢も父の遺したバイオリンを弾いていたが、ある事故がきっかけで、右腕がうまく動かなくなり、弾けなくなっていた…。同じ頃、お母さんが勤める楽団が、突然解散することになった。気力をなくしたお母さんは、梢を連れて、夏休みにしばらく田舎にある実家に戻ることにした。山間の町で梢は、季節はずれのどんぐりを拾った。どんぐりは、お父さんの思い出と結びついて…。
十二歳の少女とその母が、それぞれに行き方を模索していく姿をみずみずしい感性で描く、さわやかでちょっぴり不思議な物語。

主人公の梢は小学6年生。バイオリンを習っていますが、ある事故をきっかけに右腕が動かなくなってしまいました。夏休みに亡き父の故郷を訪れた梢は、不思議な少年に出会い、自分と向き合っていきます。多くの人たちとの絆を感じながら、梢の成長を共に味わってください。
この本は、今年度の「はなにら」（校内　優秀読書感想文集）で、中学一年生課題図書の1冊に入っています。
（国語科主任　久保田　暁子 先生）

幅広い読書と調べ学習に役立つ資料約50,000冊を厳選。司書教諭2名が常駐し、生徒や教員のリクエストへ迅速に応え、時事的な資料の展示も多く行っています。図書館だけでなく、学校全体で読書指導に取り組んでいます。

お仕事見聞録

「働く」とは、どういうことだろう…。さまざまな分野で活躍している先輩方が、なぜその道を選んだのか？仕事へのこだわり、やりがい、そして、その先の夢について話してもらいました。きっとその中に、君たちの未来へのヒントが隠されているはずです。

PROFILE

1979年生まれ。1998年3月、湘南白百合学園高等学校卒業。同年4月、東京工業大学工学部建築学科入学、2002年3月卒業。同年4月、同大学大学院理工学研究科建築学専攻修士課程入学。同年9月からはフィンランドのヘルシンキ工科大学に1年間留学し、2003年8月に帰国。2005年3月、修士課程を修了。同年4月に清水建設株式会社入社し、11月より業務施設設計部に配属。2008年8月からは新本社設計室に配属され、新本社の設計に携わる。2012年4月、商業複合施設設計部に異動し、現在に至る。

清水建設株式会社

一級建築士

加藤万貴さん

—建築士のお仕事とは？

仕事のひとつは設計業務で、これには大きく分けて3種類あります。ひとつは「意匠設計」で、建物のコンセプトの立案や外観・内部空間のデザインを行います。2つ目が地震や風雨、荷重に耐えられるような、骨組みとなる構造を設計する「構造設計」です。そして、3つ目が電気設備、空調・給排水等の設計を行う「設備設計」です。私はこのうち「意匠設計」に携わっています。

また、建築士の仕事は設計だけではなく、図面通りに建物が造られているかを確認する工事監理業務も行います。

—この職業を選んだきっかけは？

高校2年生の夏休みの自由課題のテーマが「やりたい仕事・就きたい職業に関連する研究」でした。当時、理系を目指していてものづくりが好きで建築士という仕事に興味を持っていたので、自宅の模型を作りました。模型を見ながら、「ここに窓があればもっと風通りが良く涼しいはず」など分析し、レポートを書いたのです。これが意外におもしろく、建築士を目指すきっかけのひとつになりました。

—どんな子ども時代、学生時代を過ごしましたか？

父が日曜大工を好み、家具や木馬な

ど様々なものを作ってくれたので、ものを作ったり、構造的にどのようにしたら良いか考えたりするのが好きでした。

また、小さい頃から体が柔らかく、中学と高校では新体操部に入り、毎日練習に打ち込んでいました。部活を通して学んだことはたくさんありますが、今でもよく思うのは、「自分のやりたいことは最後まで諦めない」ということです。

SCHEDULE

加藤さんのある一日のスケジュール

06:30	起床
07:30	移動
08:30	出社、メールチェック
09:00	グループミーティング
	企画案スケッチ　等
12:00	昼食
13:00	客先打合せ
15:00	現場で検査
16:00	現場打合せ
18:00	帰社、メールチェック
19:00	夕食
20:00	施工図チェック
	資料作成
	社内打合せ　等
	退社

状況は日々変化しますが、それに左右されない強い気持ちがあれば、辛い状況も乗り越えられるんだということを学びました。

―この仕事に就くために、学生時代にやっておくべきことは？

数多く建物を見ることです。世の中にはいろいろな建築物があります。また、日本から一歩出ただけで全く異なる文化が広がっています。良い設計をするためにも、良い建築物をたくさん見ておいたほうが良いと思います。

私自身は、フィンランドに留学した際、〝アルヴァ・アアルト〟いう建築家の建物をたくさん見ました。この方の建物を見て、一番興味を持ったのが光の使い方です。たとえば、ロヴァニエミという街の図書館は、冬には太陽が昇らないフィンランドでいかに光を取り入れるかを考えた建築物で、非常に勉強になりました。

―仕事でうれしかったこと

自分で描いた一本の線が実際に壁なって立ち上がったときは、本当に感動します。

私の担当した「清水建設新本社プロジェクト」では、厚さ約70㎝高さ約20mのコンクリート打ち放しの壁を作る際、大人数の作業員が昼夜通して施工しました。私も作業に参加しましたが、このような大きな壁を作ることは初めての試みでしたので、実際に型枠を外すまではドキドキしました。その分、美しく打ち上がった壁を見たときは、とても嬉しかったです。

―辛かったこと

大きな建物の場合、設計期間が数年にわたることも多いので、入社して間もない頃にビッグプロジェクトの担当になり、状況も掴めず先が見えない時期は辛かったですね。建物が立ち上がってくると、実感がわいてやる気やイマジネーションが生まれてきました。

―「清水建設新本社プロジェクト」とは？

働く人にとって、一日の中で最も長くいる場所、それは「オフィス」ではないでしょうか。その「オフィス」を人や地球にやさしく、また災害に強い建物にしたいという思いから、様々な試みに挑戦した超環境型オフィス、それが「清水建設新本社プロジェクト」です。平成20年に全体の計画、都市再生特別地区の指定を受け、本社社屋ながらも、地域に開かれたにぎわいの場があり、また災害時には防災拠点となるビルとして設計し、今年の８月から

エントランス

運用開始しました。私は、このプロジェクトの初期段階から携わり、エントランスとカフェ、トイレ、食堂などを担当しました。

—新本社ビルの魅力とは?

「ものづくりのプロセスをかたちにする」をテーマに建設会社の本社としての建物のつくり方を考え、それがそのままかたちになるようなデザインを提案したことです。

外壁は、3.2m×4.2mのコンクリートパネルを積み上げれば建物が仕上がるように作ったり、素材をそのまま使うことにも挑戦しています。エントランスホールでは、アルミの鋳物を構造体として使うことに挑戦しました。エントランスホールの高さは8メートルで、ガラスを支えているのはアルミキャストです。流線形がきれいに出せるように型から作製し、そこにアルミ合金を流し込んでアルミキャストをひとつずつ組み合わせました。

はやしのなかのカフェ

また、エントランスに隣接するカフェでは、木材を排煙ダクトとして利用する試みをしています。このカフェは設計コンペで最優秀賞に輝いた筑波大学の学生の案「はやしのなかのカフェ」を実現させたもので、喫煙者と禁煙者のスペースを分けることなく煙だけを分ける「分煙」に挑戦しました。具体的には、立ち並ぶ木材に設けたスリットから煙を吸い込むことで、周りに煙を広がらせないようにしています。

—建築物を設計するうえで、特に重視していることは?

ひとりの建築士としてお客さまと会話する際、「何がお客さまにとって大切なのか」「私とお客さまで違うところはどこか」を感じ取り、その距離を会話で埋めるよう心がけています。

建物の場合、どうしても完成形が見えないままでお客さまに購入していただくことになります。だからこそ、模型やスケッチを使って精一杯説明し、理解・共感していただきたいと思うと同時に、竣工のときに「思っていた以上にすばらしい!」と良い意味で期待を裏切ることができれば—。これがプロとしての使命だと思っています。

—座右の銘は?

法隆寺の宮大工、西岡常一さんの言葉「建物は良い木だけではできない」です。

木は自然のものなので、工業製品と違ってばらつきがあります。また、産地や育った環境によっても性質が変わります。しかし、使い物にならないと言われている北側で育った木も日があたらない場所で使うと良い建物ができる—。法隆寺はこのように良い木だけでなく、様々な木も使用したため、1000年が過ぎても大丈夫なのだとか。

この西岡さんの言葉を胸に、規格品を使いながらも、自然の風合いなどを生かした温かみのある設計を行っていきたいと思っています。

—子どもたちへのメッセージ

目の前のことに一生懸命取り組む—。先が見えないときもありますが、結局はこれが一番の近道だと思っています。ぜひ、自分の心の声に耳を傾け、「やりたい!」と思ったことを精一杯がんばってください。勉強でもスポーツでも何でも良いと思います。まずは、自分が楽しむこと、その過程で学ぶことはたくさんあると思います。

新本社ビル

—仕事とは

対話から生まれる奇跡
加藤万貴

『サクセス12』では、様々な分野でご活躍されている方を紹介しております。ご協力いただくことが可能な方は、下記のメールアドレスまでご連絡ください。お待ちしております。

メール
success12@g-ap.com

「先を見て齊《ととの》える」

Wayo Kudan

入試対策勉強会 予約制 10:00～

11月10日(土)　国語・算数①
11月24日(土)　社会・理科①
12月 1日(土)　社会・理科②
12月15日(土)　国語・算数②
■実際に使用した入試問題を使用

ミニ説明会 予約制 10:00～

11月14日(水)　1月20日(日)
■授業見学あり

学校体験会 予約制 10:00～

11月17日(土)
■AM:授業見学、ランチ試食　PM:クラブ見学

学校説明会 ※事前予約不要

12月22日(土) 13:30～
■校舎見学あり

プレテスト 予約制 8:40～

1月 6日(日)

イベントの詳細は、HPをご覧下さい。　※個別相談・個別校舎見学はご予約を頂いた上で、随時お受けします。※来校の際、上履きは必要ありません。

平成25年度入学試験要項

海外帰国生試験 / 12月 1 日(土)…若干名
第 1 回 / 2 月 1 日(金)…約100名　第 2 回 / 2 月 1 日(金)…約 100名 午後
第 3 回 / 2 月 2 日(土)…約 30名　第 4 回 / 2 月 3 日(日)…約 20名

和洋九段女子中学校

〒102-0073 東京都千代田区九段北1-12-12　TEL 03-3262-4161(代)
■九段下駅(地下鉄 東西線・都営新宿線・半蔵門線)より徒歩約3分　■飯田橋駅(JR総武線、地下鉄各線)より徒歩約8分　■九段上・九段下、両停留所(都バス)より徒歩約5分

http://www.wayokudan.ed.jp

Premium school

渋谷教育学園
幕張中学校

SHIBUYA KYOIKU GAKUEN MAKUHARI Junior High School

千葉／千葉市／共学校

「自調自考」の力を伸ばして 学びの大切さを実感できる環境

渋谷教育学園幕張中学校・高等学校は、千葉市の幕張新都心に建設された学術教育機関や企業の研究施設などの複合都市、「学園のまち」に位置する学校です。アカデミックな教育環境のもと、1983年（昭和58年）に開校され、来年、2013年（平成25年）には創立30周年を迎えようとしています。千葉県屈指の進学校として注目を集める渋谷教育学園幕張中高をご紹介します。

SHIBUYA KYOIKU GAKUEN MAKUHARI Junior High School

所在地：千葉県千葉市美浜区若葉1-3
交　通：JR線「海浜幕張」徒歩10分、京成千葉線「京成幕張」徒歩14分、JR線「幕張」徒歩16分
生徒数：男子624名、女子246名
ＴＥＬ：043-271-1221
ＵＲＬ：http://www.shibumaku.jp/

入試情報（2013年度）

	1次 1月22日(火)	2次 2月2日(土)
募集人員	男女約190名（帰国生約10名を含む）	男女約45名
出願期間	①郵送出願 12月10日～1月7日 ②窓口出願 1月12日	①郵送出願 1月10日～1月26日 ②窓口出願 1月28日
合格発表	1月24日(木)	2月3日(日)
入学手続	1月25日(金)まで	2月4日(月)まで

入試科目　国語・算数（各50分・100点）
社会・理科（各40分・75点）

「自調自考」の精神で次代を担う人材を育成

渋谷教育学園幕張中学校・高等学校の歴史は、１９８３年（昭和58年）に幕張高等学校が開校。その３年後に幕張中学校が創設され、現在にいたります。

そして、２０１３年（平成25年）には開校30周年を迎えようとしています。

この30年間で、渋谷教育学園幕張は千葉県のみならず、首都圏を代表する進学校となり、大きな注目を集めています。

学校の教育目標には、「自調自考の力を伸ばす」「倫理感を正しく育てる」「国際人としての資質を養う」の３点が掲げられています。

「自調自考の力を伸ばす」の「自調自考」とは、渋谷教育学園幕張の全てを貫くもので、「自らの手で調べ、自らの頭で考える」ことを意味しています。なにごとも諦めることなく、積極的に取り組むことができる人間の育成を目指しているのです。

「倫理感を正しく育てる」とは、自分の立場だけでなく他者をも尊重する姿勢を表しています。学んだ知識を行動として示すことができ、人として何が正しく、何が善であるかを判断する力を身につける「感性」の成長を促すことを意味します。

「国際人としての資質を養う」とは、渋谷教育学園幕張では、多数の海外留学プログラムや帰国生・留学生の受け入れ、外国人の先生や海外との文化交流など、国際理解教育が積極的に行われており、幅広い教養を身につけることのできる教育環境が用意され、国際的に開かれていることを表しています。

こうした教育目標の根底には、多様な要素が複雑に関連し、将来が予測しにくく難しい時代である21世紀において、次代を担う本物の人材を輩出していく教育を目指したいという渋谷教育学園幕張の強い願いがあるのです。

また、「自調自考」の実践は、21世紀を担う人材を育成するとともに、学びが楽しいと感じられることにもつながります。そして、学問の奥深さを実感し、中高時代だけではなく、人生を通じて学びを継続する生き方の重要性も体得することができるのです。

渋谷教育学園幕張では、中高６年間の学校生活をとおして、生徒一人ひとりがアイデンティティーを確立し、学ぶことの意味と大切さを実感できる教育環境が整えられています。

「自調自考」の羅針盤独自の「シラバス」

学習面における最大の特徴は、各学年ごとに１年間のなかで、いつ、何を学習するのか、全体観を持ってとらえることのできる詳細なシラバスが用意されていることです。

シラバスは、学習の狙い、授業内容と進め方などを示した授業の大まかな学習計画ととらえられていますが、渋谷教育学園幕張のシラバスはひと味違います。

たんなる学習計画にとどまることなく、各学期、及び各期間ごとに行われる各単元の内容、学習上の留意点、学習の到達目標、使用

教材や参考書、どのような観点や方法で評価が行われるのかということまで細かに記載されています。中高のシラバスとしては、他に例がないほど詳細で、生徒が自ら学習するうえで役立つように作成されていることが特徴です。

　こうしたシラバスが用意されているのは、教育目標でもある「自調自考」を生徒が具体的に実践できるようにするためです。他から強要されたり、教えてもらうことを待つ受け身の姿勢では本当の学びにつながりません。学ぶ側の生徒が進んで学習していく手助けとして、シラバスが活用されているのです。

　シラバスによって、生徒は1年間を通じてそれぞれの授業を俯瞰《ふかん》することができ、今、何を学んでいるのか、現在の学習が今後どのように展開・発展していくのかを明確に知ることができるのです。

確かな基礎学力を培い思考力と創造性を育む

　渋谷教育学園幕張では、世界に雄飛する有為な人材育成を目標とし、高い学力形成を目指しています。

それは、単に多くの知識を有していることを意味するものではありません。

　しっかりした基礎・基本を体得したうえに、一人ひとりの思考力や創造性を育む教育を実践しています。

　十分な授業時間が確保できるよう、中学校・高等学校ともに週6日制を採用し、無理なく学力を伸ばすことができる体制が整えられています。

　また、授業では、いわゆる受験学力に偏ったものではなく、幅広い教養を身につけていく学習が展開されています。

　その具体例としてあげられるのが、第2外国語の授業が行われていることです。渋谷教育学園幕張では、国際教育の一環として、中国語・フランス語・スペイン語・ドイツ語など、第2外国語の講座が開講され、希望者は受講できるのです。

　さらに、渋谷教育学園幕張は、「ユネスコ・スクール」に参加しています。「ユネスコ・スクール」とは、ユネスコ憲章に示された理念を学校現場で実践するため、国際理解教育の実験的な試みを比較研究し、その調整をはかる共同体のことです。

　地球規模の諸問題に若者が対処できるような新しい教育内容や手法の開発、発展を目指し、活動しています。

高い大学合格実績は生徒が努力した結果

　渋谷教育学園幕張は、大学合格実績の高さでも注目されている学校です。

　２０１２年度（平成24年度）の大学入試結果では、東大に49名が合格し、学校別全国東大合格者数ランキングでトップ10に入っています。

　そのほか、東工大19名、一橋大15名をはじめとする難関国立大学に計２２８名の合格者を輩出。私立大学においても、早大１８５名、慶應大１５３名など、めざましい実績をあげています。

　また、医学部・医学科への合格者も多く、国公立大医学部・医学科には計39名が合格、私立大医学部・医学科にも62名の合格者が出ています。

　さらには、日本国内の大学ばかりではなく、アメリカのプリンス

テニスコート

マルチメディア教室

サテライトルーム

剣道場

トン大学、カリフォルニア大学バークレー校など、海外の有名大学にも16名が合格し、教育目標に掲げられた「国際化」の理念が、進路でも明確に反映されていることが伺われます。

　こうした数字を見ると、きわめて高い大学合格実績と言えますが、けっして受験のみを目的とした詰め込み教育を行っているわけではありません。学校の教育目標である「自調自考」の地道な積み重ねと、生徒一人ひとりを大切にしたきめ細やかな教育の成果が、こうした高い合格率実績につながっているのです。

自由を学び個性を活かす校長講話と学校行事

　渋谷教育学園幕張の大きな特徴として、中学1年から高校3年までの6年間にわたって、毎年6回、シラバスに沿って実施される校長講話があります。

　この校長講話は、「個性の尊重」という開校当初から掲げられた建学の精神に基づき、変遷する時代のなかにおいて、個性を重視し、新しい発想や考え方を認める自由を保障するという意味における基本的人権のあり方を、生徒に理解してほしいという願いから行われているものです。

　講話といっても、一方的に校長先生のお話を聞いて終わるというものではありません。毎回、読むべき書籍が紹介されたり、「みなさんはどう考えますか」といった問いかけがなされます。熱心にメモをとりながら話を聞く生徒の姿が印象的です。

　校長講話では、高校2年生に米国独立宣言の英語原文が配付され、高校3年生では世界人権宣言が配られるというレベルの高い内容となっています。

　「自由」や「人権」がなぜ大切なものであるのか、そして、どのようにしたら、それを現実的に一人ひとりが手にすることができるのかを、自分の頭で思索する内容となっています。

　こうした姿勢は、渋谷教育学園幕張における学校生活にも色濃く反映されています。スポーツフェスティバル、文化祭、宿泊研修など、各種の学校行事が数多く実施されていますが、そのいずれにおいても、「自調自考」の理念を基本に生徒が主体となって行われていることが特徴です。

　これらの学校行事は全て生徒が企画し、運営していくことが基本となっており、自分たちの手で行事を作りあげることによって、深い感動と充実感を体験することができます。

　さらに、生徒が自らの力で各種行事を実施できたという自信は、勉学をはじめ、何事にも前向きに取り組む姿勢を養うことにつながっていきます。

　これまで、我が国にはなかった新しい教育を切り開いてきた渋谷教育学園幕張は、来年度開校30周年を迎えるにあたり、記念事業の一環として、図書館新棟の建設が急ピッチで進んでいます。

　「自調自考」を促し、コミュニケーションを誘発する空間としての図書館棟は、蔵書数12万冊に加え、様々な最新の設備を完備した新たな知の創造空間となることでしょう。

　開校30周年を期に、渋谷教育学園幕張中学校・高等学校がまた新たな輝かしい歴史を刻んでいくに違いありません。

Premium school

渋谷教育学園幕張中学校

SHIBUYA KYOIKU GAKUEN
MAKUHARI Junior High School

自分の人生を自らの手でつくる 新たな時代に必要な人材を育成

高度な人材育成を目標とした男女共学の私立学校として、千葉県の幕張新都心に渋谷教育学園幕張高等学校が開校したのは、１９８３年（昭和58年）のことでした。３年後の１９８６年（昭和61年）には、「一人ひとりを大切にして個性豊かな人間を育てる、６カ年の統合された中高一貫教育」を目指し、渋谷教育学園幕張高等学校の附属中学校が開校されました。教育目標に「自調自考」を掲げる渋谷教育学園幕張中学校・高等学校について田村哲夫校長先生にお話をうかがいました。

生徒が主体の学校行事や自習を促すシラバスなど学校全体が「自調自考」

時代に即応した人材育成を目指す

【Q】渋谷教育学園幕張中学校・高等学校の沿革と基本的な教育理念についてお教えください。

【田村先生】本校は、今から29年前の１９８３年（昭和58年）に開校しました。来年で開校30周年を迎えることになります。比較的新しい学校ですが、時代の変化に対応しつつ、学校を構築できた面があろうかと思います。

具体的に言うと、１９８４年に臨時教育審議会が発足し、明治以来の近代学校の仕組みを、時代の変化に対応できるものにしていこうという動きが起こりました。学校の自由化、個性化、生涯学習への取り組みなどです。

本校は、こうした時代の動きを察知し、21世紀に必要な人材を養成する学校を作りあげました。つまり、渋谷教育学園幕張は、時代が発進する明確なメッセージに沿った学校といえます。

教育目標には、「自調自考の力を伸ばす」、「倫理感を正しく育てる」、「国際人としての資質を養う」の３点を掲げています。これは、新しい時代に活躍できる人材育成を目指し、そうした時代に青年が自ら考えて行動し、それを発信できるようになってほしいと願ってのことです。

「自調自考」の学校として生徒が主体的に行動する

【Q】御校の特徴を校長先生はどのようにお考えでしょうか。

【田村先生】ひと言で言うと、「自調自考の学校」です。まず、本校のシラバスが「自調自考」を象徴しています。行われる授業の内容・方針を細かく事前に発表したもので、生徒はそのシラバスに沿って自ら勉学していきます。まさに「自調自考」です。

さらに本校では、運動会、校外授業、文化祭などの学校行事も、生徒が主体となって運営します。このことにより、生徒自身が達成

田村《たむら》 哲夫《てつお》　校長先生

カフェテリア

図書室

自調自考室

田村記念講堂

啓発室

感を得ることができています。

また、本校にはチャイムがありません。時間管理は生徒が自らするのです。

こうしたことから、いわば、学校全体が「自調自考」だと言えるでしょう。

友だちと共感することで大きく成長してほしい

【Q】大学への進学実績が著しく伸びていますね。

【田村先生】それは、ひとえに本校の生徒たちががんばった成果です。大学進学に限らず、進路という観点では、自分たちの人生を自分たちで考えていくことの大切さを訴えています。自分の人生を自分の責任でつくっていくという自覚が重要なのです。

これは、全ての人が自分の責任で人生形成をしていくということで、基本的人権の考え方と根底で共通する部分があります。そのことを生徒に自覚させ、自分の人生を肯定的に見ることができる経験を積んでもらいます。

また、校長講話の目標は、この基本的人権を考え、自分の人生を築いていくことです。

【Q】クラブ活動などはいかがでしょうか。

【田村先生】非常に盛んです。運動系、文化系ともに高い参加率となっています。

今年は、囲碁で県代表として全国大会に出場し、優勝することができました。また、演劇、アナウンス、科学展などでも活躍しています。物理部が出場したロボット・コンテストでは、一般の部において優勝しました。

【Q】御校受験をお考えのみなさんにメッセージをお願いします。

【田村先生】人間の脳は完成するまでに18年もかかります。つまり、12〜18歳という中高6年間は大事な時代と言えます。

また、人間が大きく伸びるのは、共感する能力があるからです。感動を人に伝え、共有することが教育の原点なのです。

渋谷教育学園幕張は、人間としての成長に最も大切な中高生時代に、多くのことを友だちと共感することで大きく成長できる学校です。どうか、有意義な中学校・高校生活を送ってください。

ALL in One
すべての教育活動が授業空間から生まれる

すべての教育活動が授業空間から生まれる

2013年度の入試にむけた学校説明会・イベント等

学校説明会	入試説明会	入試個別相談会
10月28日(日) 10:30～ 11月23日(金・祝) 10:00～ (体験学習あり)	11月10日(土) 14:00～ 12月15日(土) 14:00～ (入試模擬体験あり) ＊各教科担当者から出題傾向や採点基準など本番に役立つ説明をします。	12月24日(月・祝)～12月28日(金) 10:00～14:00 ※予約制

公開行事	清修フェスタ(文化祭)	10月27日(土)・28日(日)

※ご来校の際にはスリッパをお持ち下さい。
※詳しくは、本校HPをご覧下さい。

2013年度 生徒募集要項

	第1回			第2回			第3回	第4回
試験日	2月1日(金)			2月2日(土)			2月3日(日)	2月4日(月)
	午前	午後		午前	午後			
		第1回	第2回		第1回	第2回		
集合時間	8:30	14:30	15:30	8:30	14:30	15:30	9:30	9:30
募集人員	約15名	約25名		約10名	約10名		若干名	若干名
試験科目	2科または4科	①2科 ②4科 ③英語1科目の中から選択			4科の中から2科選択		2科	2科

[2科]：国語・算数 [4科]：国語・算数・社会・理科 ※すべての試験で特待生入試を実施（スライド合格有）

SEISHU 白梅学園清修中高一貫部

〒187-8570 東京都小平市小川町1-830 TEL:042-346-5129
【URL】http://seishu.shiraume.ac.jp/ 【E-mail】seishu@shiraume.ac.jp
西武国分寺線「鷹の台」駅下車 徒歩13分 JR国分寺駅よりバス「白梅学園前」

先パイがすごく優しい
授業が分かりやすくて楽しい
未来に希望がもてるよ
1人1台iPadが使える!
綺麗な環境で勉強できるから楽しい!
SBD29
みんなでいい学校をつくろう

「学び×楽しさ」いっぱい!

SEIBUDAI LIFE

今年4月に西武台新座中学校は第一期生を迎えました。
生徒たちがどんなスクールライフを送っているのか、
その一端ををご紹介いたします。

西武台新座中学校

ジングルズ超楽しい
英語の学力がすごーく伸びる!!

先生たちのやる気は日本一
授業が楽しくておもしろい!
授業についていけるようにしてくれる
給食はおいしいし、トイレがきれい。そして何より…先生方が面白い
制服がとっても可愛いし、女子特典 勉強会先生がしてくれる!

Act on the GLOBE

地球サイズのたくましい人間力。

西武台新座中学校は、「学力教育」「英語教育」「人間教育」「ICT活用教育」の
4つの柱を通して、グローバル社会で活躍できる「たくましい人間力」を育成します。

学校説明会・各種イベント

11/8(木) 学校説明会
所沢ミューズ 10:30〜12:00

11/23(金祝) 入試模擬体験会
本校 10:00〜11:30(要予約)

12/8(土) 学校説明会
本校 10:00〜11:30

12/23(日) 入試情報説明会
本校 14:30〜16:00

◆各イベント・説明会の詳細は、本校Webサイトでご確認ください。

◆本校での説明会開催時には柳瀬川・新座・所沢各駅からスクールバスを運行します。運行時間は本校Webサイトでご確認ください。

西武台新座中学校

西武台新座 検索

学校法人 武陽学園 西武台新座中学校・西武台高等学校 〒352-8508 埼玉県新座市中野2-9-1 お問い合わせ:TEL.048-481-1701(代)

東農大三中

男女共学
90名募集

究理探新

本物に出会い、
本当にやりたい夢に近づく
6年間。

■受験生・保護者対象　説明会・入試模擬体験 等

日　時		説　明　会〈内　容〉	会　場
11月 6日(火)	10:00～	第5回説明会 ＜生徒募集要項の説明＞	大宮ソニック市民ホール
11月25日(日)	9:30～	入試模擬体験（要予約）＜保護者向け説明会同時開催＞	本校
12月15日(土)	9:30～	第6回説明会 ＜出題傾向と入試情勢分析＞	本校

■2013 年度 入試募集要項

	特待生選抜入試 第1回 第1回入試	特待生選抜入試 第2回 第2回入試	第3回入試	第4回入試
試験日	1/10(木) 15:00集合	1/11(金) 9:20集合	1/13(日) 9:20集合	1/24(木) 9:20集合
試験会場	大宮/川越	本校	大宮/本校	本校
募集定員	35名	25名	20名	10名
試験科目	2科/4科	2科/4科	4科	4科
合格発表	1/10(木)23:00 インターネット	1/11(金)21:00 インターネット	1/13(日)21:00 インターネット	1/24(木)21:00 インターネット

お問合せ先 TEL 0493-24-4611

東京農業大学第三高等学校附属中学校
〒355-0005 埼玉県東松山市大字松山1400-1
TEL:0493-24-4611
http://www.nodai-3-h.ed.jp

II類 最難関国公立大
I類 難関国公立私大

< すべての説明会に予約が必要です >

入試説明会 10:00~13:00
11月18日(日) 過去問チャレンジ同時開催 ※要予約
1月13日(日)

イブニング説明会 18:30~20:00
12月21日(金)

ミニ説明会 いずれも土曜日 10:00~11:30
11月24日
12月 1日・12月 8日
1月19日

2月1日 午後入試 男子120名募集
2/1・2・4・6全4回インターネット当日発表

個別での校内のご案内は随時受け付けております ※要電話予約

※説明会、柏苑祭とも上履きは不要です。 ※お車でのご来場はご遠慮ください。
※予約は、開催の1~2ヶ月前に学校ホームページでご案内いたしますので、ご覧の上お申し込みください。

入試日程
2月1日(金)[午後]・2日(土)[午前]・4日(月)[午前]・6日(水)[午前]

★ **募集要項配布中**(無料)
郵送でも受け付けておりますので、お気軽にお申し付けください。
★ **何回受験しても25,000円!**
1回分の受験料で4回まで受験可能。出願時に申し込まなかった回の受験もできます。
★ **手続締切 2/9・12時**
第1回(2/1)含む全合格者に適用
★ **手続時費用50,000円!**
残りの費用は4月に納入していただきます。

明るく元気な進学校

東京都市大学 付属中学校・高等学校

アクセス
小田急線 成城学園前駅より徒歩10分
東急田園都市線 二子玉川駅よりバス20分

〒157-8560 東京都世田谷区成城1-13-1
TEL 03-3415-0104 FAX 03-3749-0265
お問い合わせはこちら e-mail:info@tcu-jsh.ed.jp

東京都立南多摩中等教育学校

「心・知・体の調和」を求める人間力を大切にする

2010年（平成22年）4月に、多摩地区を代表する公立中高一貫校としてスタートした南多摩中等教育学校。地域の期待を背負い、人間力の高い次世代リーダーを育成します。

「心・知・体」の調和のとれた人間教育

東京都立南多摩中等教育学校（以下南多摩中）は2010年（平成22年）4月に、多摩地区を代表する公立中高一貫校としてスタートしました。1期生は今年で3年生になります。

教育目標に「心を拓く」「知を極める」「体を育む」という3つの言葉を掲げ、「心・知・体の調和」から生まれる人間力を大切にした教育を行っています。

設置母体である東京都立南多摩高等学校は、前身の東京府立第四高等女学校として1908年（明治41年）に開校してから、すでに100年を超える長い伝統を誇ります。この伝統を南多摩中等教育学校が引き継いでいくのです。今後、南多摩高校の募集はなくなり、2015年（平成27年）には南多摩中等教育学校へと完全に移行します。

中高の6年間で、発達段階に応じ、1・2年を「基礎・基本期」、3・4年を「充実伸張期」、5・6年を「応用達成期」の3期に分けて、学習内容の定着をはかっています。高校募集を行わない分のゆとりを活かし、6年一貫したムダのないバランスの取れたカリキュラムで、生徒一人ひとりの可能性を伸ばしていきます。

前期課程では、各教科における基礎基本の習得と、意欲的に学習へ臨む姿勢や、家庭学習の取り組み方を身につけることを重視しています。また、発展的な学習を行うとともに、総合的な学習の時間ではフィールドワークに関連する学習を各教科のなかに取り入れ、思考力を高める授業を展開しています。

4・5年生の後期課程では共通必修科目で学びます。2年間のキャリア教育などの活動をとおし、自分に合った進路をしっかりと見つけます。6年生では文系・理系に分かれた選択科目を設定し、自己の進路実現に向けて必要となる学力を最大限伸ばすことを目的に、より高度な学習に取り組んでいきます。

押尾《おしお》 勲《いさお》 校長先生

「好きなこと、やりたいことを本校で実現するため熱い思いを持って入学してきてほしいです」

教科別の学習方針

国語では、多くのジャンルや種類の文章を「読むこと」に力を入れ、「読むこと」から「書くこと」「聞くこと」「話すこと」へと学びを広げています。話し合い活動などの体験をとおして、確かな言葉の力を身につける指導に力を入れているのです。

数学は、3年生の前半で中学において学習すべき内容を終え、発展的

School Information

南多摩中等教育学校

所在地：東京都八王子市明神町4-20-1
アクセス：JR中央線「八王子」徒歩12分、京王線「京王八王子」徒歩13分
生徒数：男子229名　女子251名
ＴＥＬ：042-656-7030
ＨＰ：http://www.minamitamachuto-e.metro.tokyo.jp/

な学習に移ります。さらに、5年生の後半からは生徒の適性・進路希望に応じた学習を実施し、少人数制授業を取り入れてきめ細かく指導していきます。

英語は、コミュニケーション能力の優れた生徒を育成することを目指し、ALT（外国語指導助手）を活用し、生きた英語を学ぶ機会をたくさん設けています。1～3年生まで2クラスを3展開で少人数指導を行っています。

理科は、実験・観察を多く取り入れて、実験結果について話し合い、リポートにまとめます。科学的に物事を見たり考えたりする力、実験結果を適切に処理する力、論理的に説明する力を育成します。前期課程では、中学校理科から発展的な内容までを含めて学習し、物理・化学・生物・地学の基礎を身につけます。後期課程では、興味・関心や適性・進路希望に合った科目の選択制となっています。

最後に社会ですが、地理・歴史・公民の3分野について、前期課程と後期課程のつながりを重視して学習を進めています。1～2年生で地理、1～5年生で歴史、3～5年生で公民を全員が共通で履修します。

各教科ともに普通の中学校より進度は速いですが、6年一貫教育として組まれたプログラムであり、高校受験がない分、発展的な学習が行われます。

また、英数国で少人数制授業を取り入れ、きめ細かな指導が行われるほか、朝や放課後の時間は補習に利用されています。各教科の授業で小テストを行い、生徒の到達度をはかり、進度が遅れてしまった生徒へのフォローや、授業で分からなかったことへの質問、発展的な学習など、個別で対応しています。

高校受験はないものの、3年生の学力をはかるために7月と1月に「接続テスト」が2回行われます。

「これは、中学生として身につけるべき基本的な内容が身についているかどうかを確認するテストです。1期生が今年初めて受けることになります。基準に達していないようであれば、その分をしっかりと補っていきます」（押尾勲校長先生）と、中だるみなく継続して勉強できる仕組みが取り入れられています。

気づきを大切にするフィールドワーク

南多摩では総合学習の時間や夏休みを利用して、歴史的、文化的遺産が多い身近な八王子の街に出て、たくさんの不思議を発見します。「なんだろう」と考え、課題を見つけ、学びが始まる授業です。

フィールドワークは、1年生で八王子の街を中心とした地域学習をスタートし、2年生で人文科学分野、3年生は北海道の知床《しれとこ》で自然科学分野に取り組みます。4・5年生になると、1～3年生の経験を活かし、研究テーマごとに分かれた少人数による分野別ゼミ研究で、より専門的な内容にチャレンジします。大学、企業、研究所などと連携し、各自が研究成果をリポートにまとめ、オリジナルの論文を発表します。

毎年3月には、各学年で全てのグループが発表を行います。優秀なグループは、体育館で行われる成果発表会でも発表します。

フィールドワークでは「気づき（課題発見力）」を大切にし、探究活動をとおして物事を多角的に眺める視点を育成しています。

つまり、「コミュニケーション力」

文化祭

フィールドワーク発表

を基にした「情報収集力」と「分析力」を育成し、「クリティカル思考」や「創造的思考」を身につけていくのです。

「フィールドワークなどで自分のやりたいことが見えてきた時に、どういう大学であれば自分の夢が叶うのか、そのためにはどういう学部学科に行けばいいのかを知る必要があります。そのためにも大学と連携し、大学で何ができるのか、どこの大学に行けばやりたいことができるのか、そういうことが分かるようにしていく必要があります」とフィールドワークの意義とこれからの展開について押尾勲校長先生は話されます。

文化祭

最後に、南多摩が求める生徒像について、押尾校長先生は、「本校はフィールドワーク活動が大きな柱になっているので、そのために必要な適性を適性検査で見ています。したがって、図やグラフを読み取り分析、考察する力や、課題に対して前向きに思考して判断、表現する力を見ています。

どんな小学生でも好きなことや、やりたいことなど、何か思いを持っているはずです。様々な公立中学校、私立中学校があるなかで、せっかく南多摩を選んだわけですから、熱い思いを持って来てほしいです」と語ってくれました。

合唱コンクール

Check!

2013年度 入試情報

募集区分
一般枠

募集定員
160名(男女各80名)

検査期日
平成25年2月3日(日)

検査内容
報告書、適性検査Ⅰ(45分)、適性検査Ⅱ(45分)

適性検査の傾向

適性検査Ⅰ

具体的資料を深く読み取り、分析・考察する力や、課題に対して思考・判断し的確に表現する力をみます。また、身近な地域で見ることができる事象に対して興味・関心をもち、自然や社会現象に対して調査し、考察する力をみます。

適性検査Ⅱ

与えられた文章等を深く読み取り、課題に対して自己の経験や体験に基づき、自らの考えや意見を明確かつ論理的に表現する力をみます。

クローズアップ!!

佼成学園中学校

KOSEIGAKUEN Junior & High School

東京都｜杉並区｜男子校

「行学二道」と「3つの特長」が育てる生徒の人間力と学力

創立から半世紀を経た佼成学園中学校。男子校ならではの強みを活かして、生徒の成長を見守りながら、「行学二道」を6年間実践することで生徒の力を大きく伸ばします。

SCHOOL DATA

所在地
東京都杉並区和田2-6-29

アクセス
地下鉄丸ノ内線「方南町」徒歩5分

生徒数
男子のみ355名

TEL
03-3381-7227

URL
http://www.kosei.ac.jp/kosei_danshi/

榎《え》並《なみ》 紳吉《のぶよし》　校長先生

【Q】御校の沿革についてお教えください。

【榎並先生】宗教家であり、平和活動家でもあった庭野日敬が、「平和な社会の繁栄に役立つ若者の育成」を建学の精神として、1956年（昭和31年）に佼成学園中学・高等学校を創立しました。

【Q】御校が生徒を育てるうえで重視されているのはどういった部分でしょうか。

【榎並先生】建学の精神にあるような生徒を育てるために重視しているのが、宗教的な情操教育をもとにした人間教育です。

人への思いやり、感謝、相手を理解するといった人間としてのモラルは、日本では「当たり前のこと」と思われています。この「当たり前のこと」をきちんと教えて実行させるというのが、宗教的な情操教育だと考えています。

そして、愛情豊かで、親やお世話になった人に感謝でき、人と協力しながらお互いを理解し、思いやれる気持ちを持つことができる人を育てていくことを大切にしています。

【Q】御校の校風についてお教えください。

【榎並先生】本校の校訓は「行学二道」で、「行」は人間教育です。学年・学校行事、クラブ活動、普段のHR活動などから、いろいろなものを吸収していきます。「学」はもちろん学力で、普段の授業や文化的なクラブ活動で学力を育てていきます。

両面のバランスがよいので、学園生活を楽しみながら成長し、非常に活発で、若者らしい明るい生徒が多いです。外部から訪れた方々にも「佼成学園の子どもたちは表情がいきいきとしていて、挨拶も元気でいいですね」と言っていただけます。これが本校の校風、雰囲気と言えるのではないでしょうか。

【Q】御校を志望するみなさんにメッセージをお願いします。

【榎並先生】本校は「行学二道」を掲げ、勉強だけ、スポーツだけではなく、人間的にも成長し、かつ学力もしっかりと向上させていく学校です。

ですから、バランスよく成長したいと考えている生徒さんにはぜひ本校を受験していただきたいと思います。また、人への感謝、思いやりといったことも大切にしている学校です。

こういった教育方針を理解していただいたうえで本校に入学してもらえれば、佼成学園で人間的に大きく成長し、さらに希望する大学へも進学できるでしょう。

「行学二道」で バランスよく成長

１９５６年（昭和31年）に、杉並の地に誕生した佼成学園中学・高等学校（以下、佼成学園）。創立者で宗教家の庭野日敬氏は、平和活動家としても名高く、平和への理念をもとにした「平和な社会の繁栄に役立つ若者の育成」という建学の精神がしっかりと受け継がれている学校です。

校訓の「行学二道」は、人間性を育てる「行」と、学力を伸ばす「学」の二道をバランスよく生徒に歩ませることを意味しています。

「行」では学年・学校行事、クラブ活動などを通じて、人に対する思いやりや感謝の気持ち、お互いを理解する力を育みます。

特徴的なのは、年間をとおして様々な場面で実施される講演です。「夜回り先生」として有名な水谷修さんや、「インドの父」マハトマ・ガンジーの孫娘で、平和活動家のエラ・ガンジーさん、戦場カメラマンの渡部陽一さんらを招き、周囲の人々と築く関係や平和がどれほど大切で、かつ保つことが難しいのかという点について語ってもらいます。

また、理事長講話として、年に何度も酒井教雄理事長から、興味深い講話を聞く機会もあります。

中学生には内容的に難しかったり、重いテーマの話もあります。しかし、講演者の方々はみな、話だけではなく、映像や写真を使って講演を行うため、多感な時期の生徒たちにはどれも心に響き、糧となり、情操的な教育に大きく役立っています。講演の後に生徒は感想文を提出するのですが、教員も驚くような中身の濃い感想文を書く生徒も毎回いるそうです。

学校生活

佼成学園生は、ゆったりとした校舎で伸びやかに成長していきます。8時まで開放されている図書館や自習室、充実のコンピュータ教室やLL教室など、学習環境も整っています。

充実した学習環境のもと 伸びやかに成長する

英語の少人数制授業

コンピュータ教室

自習室

学校外観

LL教室

理科実験

生徒の主体性を重視
年間とおして行われる行事

スキー教室

マラソン大会

自然教室

体育祭

文化祭

学校行事

体育祭は中学だけで行われます。文化祭では、自然教室や修学旅行などの行事に沿った発表や文化部の展示が主な活動となります。どちらも生徒の自主性を重んじているため、生徒が主体となって進めていきます。そのほかにもマラソン大会、自然教室、スキー教室など、年間を通して様々な行事が用意されています。

3つの特長で効果的に学力を伸ばす

「学」では、日々の授業や文化的なクラブ活動を通して、学力や教養を身につけます。

佼成学園は「男子校」「少人数」「多様性」という3つの特長を活かして、生徒の学力を効果的に伸ばし、希望進路を実現できる教育を行っています。

まず、「男子校」である佼成学園では、男子の成長に合わせ、まだまだ精神的に幼い生徒が多い中学生の間は、急がせすぎず、じっくり見守ります。

そして、「男子は女子に比べるとコツコツ取り組むことができず、伸びない時期がありますが、目標が決まって、クラブも引退となると、グッと伸びます」と榎並校長先生が語るように、将来への目標が固まり、ラストスパートをかける時期に備え、基礎学力を固めます。

次に1学年150名（1クラス30～30数名程度）という「少人数」を活かし、人間関係の面でも、勉強の面でも中学1・2年という大切な導入の時期に、生徒がスムーズになじんでいくことができる体制を整えています。

英語は1クラスを2分割して、15名前後の少人数授業で基礎を徹底します。数学は毎週１時間を復習演習の時間にあて、さらにその時間をチームティーチングとすることで、疑問を生徒が持ち越さないようにします。

英・数ともにこの制度を取り入れてから、導入前と比べると英語嫌いや数学嫌いが減り、学力の伸びが目立つようになったそうです。

もちろん、６年間を通じて個々の生徒に対応した補習や講習も充実しています。少人数のため、教員の目も行き届きやすいのです。

そして、進路の「多様性」です。佼成学園では、大学進学を考えるにあたり、多様な選択肢があります。

毎年、平均して一般受験が65％、指定校推薦が20％、ＡＯ入試＋スポーツ推薦が15％という割合です。「行学二道」でいろいろなことに積極的な姿勢で取り組む佼成学園生には、一般受験だけではなく、様々な可能性が用意されています。

「行学二道」を６年間、じっくり、しっかりと実践することで、人を思いやることができる人間力を育て、「入学した時よりも１ランクも２ランクも上の大学に合格できる学力」（榎並先生）を養成している佼成学園中学校。「入学してから大きく成長できる学校」として、今後ますます注目される学校でしょう。

文武ともに活発なクラブ活動
カラダを鍛え、心を磨く

野球部

弓道部

吹奏楽部

アメリカンフットボール部

バスケットボール部

サッカー部

クラブ活動

運動部・文化部ともに活発で、ほとんどの生徒が中・高を通してクラブ活動に参加しています。運動部では野球部・アメリカンフットボール部、文化部では吹奏楽部、鉄道研究部などが各種大会で立派な成績を残しています。

入試情報

平成25年度 入試要項

	第1回	第1回特別奨学生入試	第2回	第2回特別奨学生入試
入試日	2月1日午前	2月1日午後	2月2日午前	2月2日午後
募集人員	45名	20名	35名	15名
出願期間	1月20日～30日（27日を除く）			
合格発表	2月2日		2月3日	
入学手続日時	2月2日～10日		2月3日～10日	

	第3回	第4回
入試日	2月3日午後	2月5日午前
募集人員	20名	15名
出願期間	1月20日～2月2日（27日を除く）	1月20日～2月4日（27日を除く）
合格発表	2月4日	2月6日
入学手続日時	2月4日～10日	2月6日～10日

筆記試験

4教科（国語・算数・理科・社会）、または2教科（国語・算数）
※試験日によって違いあり

榎並校長先生からのアドバイス

「本校の入学試験はオーソドックスな問題です。過去問をしっかりと解いてください。また、入試解説会を２回行います。内容は同じで、受けていただければ、どのように勉強を進めるべきか分かりやすくなると思います」

藤村女子中学校《ふじむらじょし》

適性検査入試とプレミアム入試

今年、80周年をむかえた藤村女子中学校。建学の精神に基づいた女子教育を行いながらも、様々な新しい試みにチャレンジしている学校です。たとえばこの春は、新たに「適性検査入試」を導入して注目を集めました。さらに平成25年度入試より、適性検査入試を含む全入試にプレミアム入試を導入し、幅広く、受験しやすい体制を整えています。

「わかる」を実感する授業 1

藤村女子は、健康的な心身の発達と個性の伸長を重視し、これからの社会で必要とされる日本女性の育成を目指しています。

その教育の実践が「知・徳・体」の調和のとれた「わかる」を実感する授業の展開です。

特に英語教育には以前より力を入れており、中学1年ではネイティブ教員による週2時間のコミュニケーション中心の授業やアルファベットと音の関係を規則化して教える「フォニックス」など、週7時間の英語の授業を行っています。

これらの英語の授業や週5時間の数学の授業は、少人数による習熟度別授業を採用し、定期試験ごとに習熟度別の入れ替えを行っています。これにより生徒は自分の進度にあった授業を受けることができ、「わかる」を自ら実感します。

また、理科の授業では本物の自然現象や化学現象を見ることに重きをおいており、中学3年間で90種類以上の実験・観察を実施しています。

その他にも、実社会との関連性を考える社会科教育や「発見」を大切にする美術など、「わかる」を実感する授業が行われています。

自学自習の「学習センター」 2

藤村女子の中で欠かせない存在になっているのが「学習センター」です。「学習センター」には専任教員とチューターが2名（東大生など）常駐しており、生徒の質問対応はもとより、授業内容の定着度チェックや個人の学習計画のアドバイスなども行っています。

中学生のうちは学習習慣を身につけることを第一としていますが、希望者には個別授業を行い弱点の補強を行います。

藤村女子はクラブ活動が盛んなため、クラブ活動がない日に「学習センター」を上手に利用することで、学校生活にメリハリがつきます。自分の進度に合わせた学習ができるので理解度の定着に効果的です。

このように授業、クラブ活動、学習センターの自学自習サイクルができたことで、学力が大幅に伸びた生徒もおり、このところ、早稲田大、上智大、国際基督教大をはじめ、MARCHなど難関私立大学への進学者が増えています。

特色ある教育プログラム 3

ユニークな取り組みとして、漢字と英単語の「グランドコンテスト」があります。これは、毎週行われている漢字テストと英単語テストの範囲を半年ごとにまとめた総仕上げとして、9月と1月の年2回行われているものです。毎週のテストでは小さな目標を達成する喜びを感じ、「グランドコンテスト」では小さな積み重ねが大きな成果を生むことの充足感を実感します。

また、英語のネイティブ教員を中心とした実践型の「イングリッシュプログラム」も藤村女子の特徴です。

このプログラムは丸1日英語漬けで、3日間連続で行われます。生徒たちは、まず学内でネイティブの先生とのアクティビティを通して基本的な英会話を学び、その後グループごとに実際に吉祥寺の街へ出て学んだ英会話の実践を行います。吉祥寺では多くの外国人と触れ合えるため、生きた英語・英会話を直接身につけることができます。

そして、このプログラムの集大成として中学3年生のハワイ修学旅行があります。この修学旅行では現地の家庭へのホームビジットを通してこれまで学んだ英語の実践を行います。また、マウナケア山で行う星空観測は、生徒たちにとって貴重な感動体験となります。

その他に、華道・茶道・礼法などの日本文化体験、八ヶ岳勉強合宿、放課後の補習授業など、学年ごとに様々な学校行事が用意されており、中学生だからこそ体験してほしい「感動」を味わえるプログラムとなっています。

注目の適性検査入試 4

藤村女子は、今年度（平成24年度）入試より、都立の中高一貫校と同形式の適性検査入試を行っています。今年度は46名の受験生を集めており、来年度入試の動向が注目を集めています。

藤村女子が適性検査入試を始めたきっかけを、坂田校長は次のように話しています。

「都立の中高一貫校入試だけを受験する子どもたちの、新しい受け皿になろうと考えたからです。都立中高一貫校入試が残念な結果に終わってしまった子どもたちの中には、有望な人材、伸びる可能性をもった子どもたちが多くいると思います。また、中高一貫校で学びたいと強く思っている子どもたちがかなりの数いるのではないでしょうか。そこで、私学が行う2科や4科テストの準備をせずに中高一貫校入試に臨んだ子どもたちのために、私どもが都立中高一貫校と同じような適性検査入試を実施することで、より多くの受験機会をご提供できると考えています」

また、藤村女子には長年培ってきた中高6カ年の一貫教育システムにより、授業、クラブ活動そして各種講座と手厚くていねいなサポート体制が整っています。特にクラブ活動においては、中高一貫のメリットを十分に生かし、各方面で優秀な成績を収めています。

平成25年度入試では、2月1日の午前に適性検査入試を行います。試験問題は都立中高一貫校の適性検査と同形式の問題で、適性検査ⅠとⅡがあり、各45分、１００点満点です。適性検査Ⅰは算数や理科、社会を取り入れた複合問題で、Ⅱは国語の問題です。

プレミアム入試とは？ 5

今年度の入試では、適性検査入試を含む各入試の回において、成績に応じて奨学金を支給するプレミアム判定（A～C）を行いました。プレミアムAは年間授業料相当の奨学金、プレミアムBは年間授業料半額相当の奨学金、プレミアムCは入学時に10万円の奨学金を支給する制度です。

平成25年度入試では、今年度と同じプレミアム判定を試験ごとに行いますが、2月1日の午後に「プレミアム入試」という名前で単独の入試も行います。今年度は適性検査入試と4科入試の受験生から選抜していましたが、25年度入試からは2科入試の受験生も選抜の対象となります。

受験生へのメッセージ 6

坂田校長から受験生に向けて次のメッセージを頂いています。

「適性検査入試やプレミアム制度により、いままでとは異なったすばらしい力をもったお嬢さんたちが入学されており、私をはじめ教員たちも大きな期待を持って育てています。

藤村女子では、勉強もクラブ活動も学校行事も非常に盛んに行われており、お嬢さんたちが成長できる機会を豊富に用意しています。ぜひ、自信をもって最後まであきらめずに受験して頂き、安心して藤村女子に入学して頂ければ嬉しく思います」

藤村女子中学校 School Data

所在地 東京都武蔵野市吉祥寺本町2-16-3
TEL 0422-22-1266
URL http://www.fujimura.ac.jp/
アクセス JR線・京王井の頭線・地下鉄東西線「吉祥寺」徒歩5分

学校説明会
12月1日（土） 14:00～

予想問題解説会 ※要予約
11月18日（日）
・藤村予想問題解説会 8:30～
・適性検査入試解説会 13:00～

個別相談会 ※要予約
1月6日（日） 9:00～13:00

	1日午前	2日午前	2日【午後】	3日午前	7日午前
募集人員	30名	20名	10名	5名	5名
試験日時	2/1（金）8:30	2/2（土）8:30	2/2（土）15:00	2/3（日）8:30	2/7（木）8:30
試験内容	2科（国・算）または4科（国・算・理・社）の選択				

	適性検査入試	プレミアム入試
募集人員	10名	10名（2/1午後以外は各募集人員に含む）
試験日時	2/1（金）8:30	2/1（金）午前・午後 2/3（日）午前 2/2（土）午前・午後 2/7（木）午前
試験内容	適性検査Ⅰ・Ⅱ（各45分）	2科（国・算）・4科（国・算・理・社）の選択

さらに平成25年度入試より、適性検査入試を含む全入試にプレミアム入試を導入し、幅広く、受験しやすい体制を整えています。

全員集合

部活に注目!

西武学園文理中学・高等学校〈共学校〉

所在地：埼玉県狭山市柏原新田311-1
アクセス：西武新宿線「新狭山」、JR埼京線・東武東上線「川越」、
JR八高線・西武池袋線「東飯能」、西武池袋線「稲荷山公園」、
東武東上線「鶴ヶ島」スクールバス、西武新宿線「新狭山」「狭山市」、
JR川越線「笠幡」バス
電　話：04-2954-4080
U R L：http://www.bunri-s.ed.jp/

活動開始から22年目を迎える西武学園文理中学・高等学校の奇術研究部。2009年にはNHKの番組にも取りあげられるなど、校内外を問わず活躍しています。和気あいあいと楽しい雰囲気でいっぱいの部活です。

西武《せいぶ》学園《がくえん》文理《ぶんり》中学・高等学校

奇術研究部

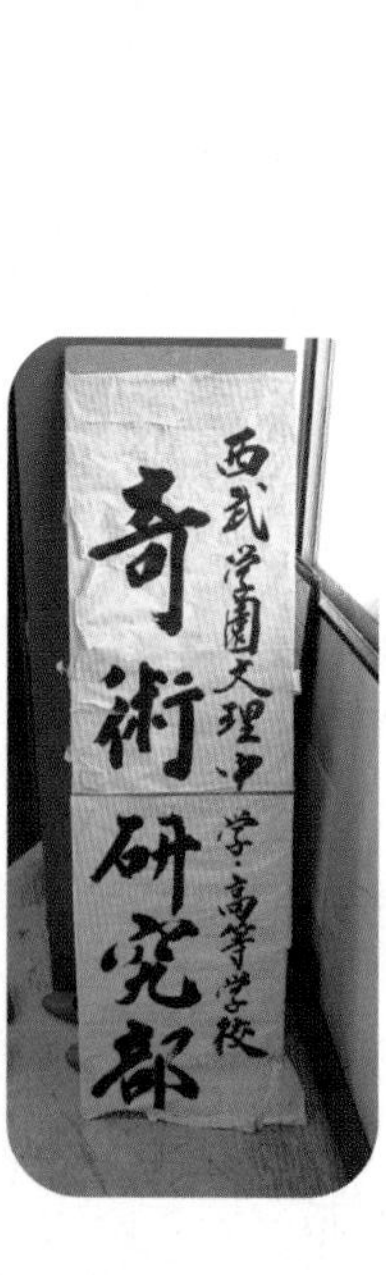

【写真右から】
高校2年生　加藤《かとう》拓弥《たくみ》くん（主務）
高校3年生　小田《おだ》佳代子《かよこ》さん
高校1年生　磯部《いそべ》英智香《えちか》さん
中学3年生　小沢《おざわ》倫之《みちゆき》くん
中学1年生　瀬川《せがわ》直哉《なおや》くん

技術を磨くだけではなく人との接し方も学べる

――奇術研究部の活動内容について教えてください。

加藤くん「練習は平日の週3日で、学内では年に1回、文化祭が一番大きな発表の場です。ほかには、学外の地域貢献として、児童館や公民館で公演を行うこともあります。部員のほとんどが入部前はマジック未経験者です」

――普段の部活動の雰囲気はどうですか。

小田さん「お互いの演技を評価する時など、真面目に行っていますが、練習をしている時は学年を問わず、仲がいいです」

――どんなマジックを練習するのですか。

△部員それぞれが得意な演目を持っています。

小田さん「トランプは基本的にみんなやります。高校生になると、それ以外に舞台で発表する演目に取り組みます。どんな演目にするかは、ひとつ上の先輩が行っていたものや、卒業した先輩方の映像を見たりして決めます。円形の金属をつなげたり外したりする『リング』、玉を消したり出したりする『ビリヤードボール（四つ玉）』、小さな傘を出す『パラソル』などは、毎年受け継がれている演目です」

――中学生と高校生は同じように活動しているのですか。

中学生も週3回ですが、授業とのあって、それより少ない時もあり、中学生の間は、文化祭は別の発で、奇術研究部としては参加でき高校生になればできます」

はどのような形で発表が行われる

教室を使って、それぞれが練習しを披露します。演目がかぶらないため、同じものをやっている人同たちで相談して誰が出るかを決め発表に出ない人は模擬店を出して、んに近いところでトランプなどのジックを披露します」

は中学生の時は運動部でしたが、発表を見て、やっぱりすごいなと校から入部しました」

、小学生のみなさんにマジックが持つ魅力を紹介してもらえますか。

小沢くん「僕は今、トランプの練習をしています。これがスムーズにできた時はとても快感です」

加藤くん「マジックは技術だけではなく、演目をとおしていろいろな人とコミュニケーションを取ることができます。演技中、お互いに交流関係が築けるというのはなかなか体験できないことです。マジックをやったことがなくてもいいですし、人とコミュニケーションをとることが苦手だという人にも、ぜひ入部してもらいたいと思います。マジックを通じて、そういった力も身につきますから」

△中学生のふたり（小沢くん㊧、瀬川くん㊨）もトランプマジックを披露してくれました。

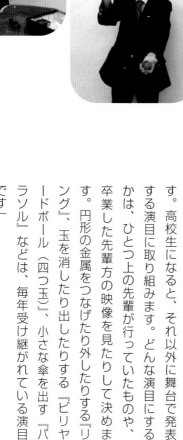

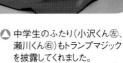

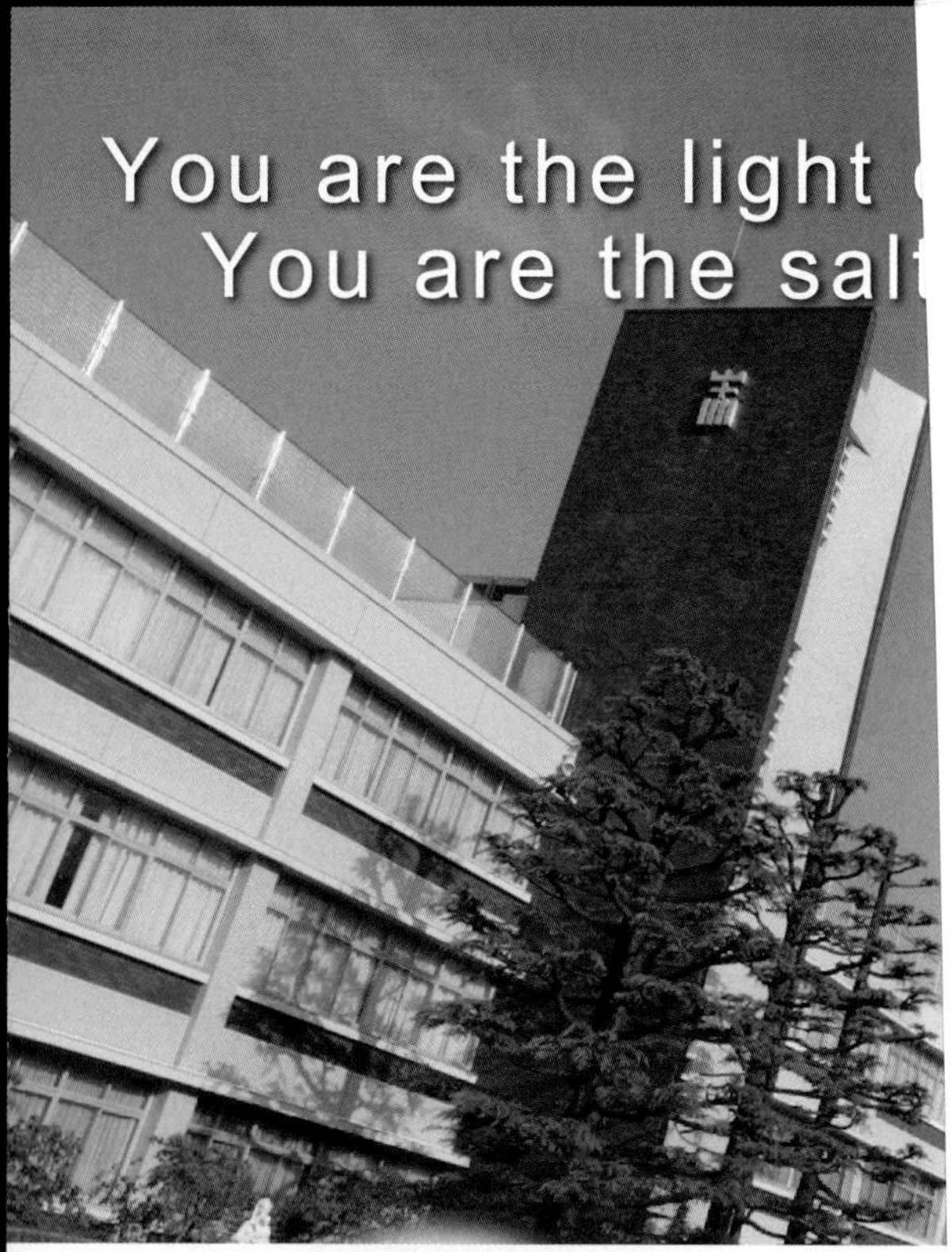

You are the light
You are the salt

そのままのあなたがすばらしい

入試説明会

[本学院] ※申込不要

11.18（日）
14：00〜15：30
終了後 校内見学（〜16：00）

校内見学会

[本学院] ※申込必要

2013 **1. 7**（月） 10：30〜11：00（6年生対象）

2013 **1.19**（土） 10：30〜11：00（6年生対象）

【申込方法】
電話で「希望日」「氏名」「参加人数」をお知らせください。

過去問説明会

[本学院] ※申込必要

12. 1（土）
● 6年生対象
14：00〜16：00（申込締切11/21）

【申込方法】

ハガキに「過去問説明会参加希望」「受験生氏名（ふりがな付）」「学年」「住所」「電話番号」、保護者も出席の場合は「保護者参加人数」を記入し、光塩女子学院広報係宛にお送りください。後日受講票をお送りいたします。

入試要項

募集人員	第1回 約60名	第2回 約30名（総合型約10名含む）	
試験日	2月2日（土）	2月4日（月）	
入試科目	4科/面接	【4科型】4科/面接	【総合型】国語・算数 総合/面接
合格発表	2月2日（土）	2月5日（火）	

2月4日（月）に総合型入試を実施いたします

光塩女子学院中等科

〒166-0003 東京都杉並区高円寺南2-33-28 tel.03-3315-1911（代表） http://www.koen-ejh.ed.jp/
交通…JR「高円寺駅」下車南口徒歩12分／東京メトロ丸の内線「東高円寺駅」下車徒歩7分／「新高円寺駅」下車徒歩10分

ISBN978-4-903577-65-4 C6037 ¥800E

定

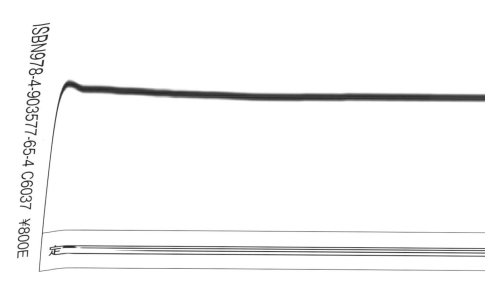

ココロとカラダの特集

写真◉越間有紀子

ココロと
カラダの特集

特集1

子どもの心の傷に どう対応すれば いいか

子どもが心に傷を負ってしまったとき、親はどうすればいいのでしょうか。何と声をかけたらいいかわからずに、ぼう然としてしまうかもしれません。しかし、そんなときこそ、親の存在が重要です。心に傷を抱えてしまった子どもにどう接したらいいのか、臨床心理学者の蓮見将敏さんに話していただきました。

写真◎越間有紀子

心の傷のことを心理学ではトラウマ（心的外傷）と言います。心身に不快な体験をすると、その体験が終わっても、精神面に後遺症が残ることがあり、その後遺症のことをトラウマというのです。

人の心に後遺症を残すような不快な体験は様々にあります。

地震、台風、竜巻、洪水などの自然災害がそのひとつです。これらは物理的に家屋などを破壊するだけでなく、人の心も傷つけます。昨年の東日本大震災では、多くの人たちがその体験をしました。そのトラウマは簡単には消えません。

人的な災害というものもあります。一番大きいものでは戦争。あるいは誘拐や人質事件などの犯罪に巻き込まれたときの心の傷も大きいでしょう。爆発事故や火災といったことも起こります。

もっと身近なもので、子どもにも起こりやすいものとしては以下のようなものがあります。

交通事故、事件・事故の目撃、家族や親しい人の死亡、親や自分の手術、親の離婚、児童虐待、他人からの暴力、いじめ、性的ない

蓮見将敏 はすみ・まさとし

大学院博士課程修了後、児童相談所や心療内科クリニックのカウンセラーを経て、現在、杉野服飾大学教授。神奈川県スクールカウンセラー、横浜市スクールスーパーバイザー兼務。

注文数
9784903577654

やがらせ、親や教師からの叱責、おもちゃやペットなど大切な物の喪失、ショックな映像を見る——などです。

6ヶ月後に現れる 心の傷の症状もある

心の傷への対応は、その傷がどんな体験によるものかでも違います。今回は自然災害や大きな人的な災害というよりは、子どもに起こりやすい身近な体験による心の傷に、どう対応していったらいいかをお話したいと思います。

心の傷からの回復は、体験の大きさだけではなく、その体験が一過性のものか、持続的なものであるかも、影響します。例えば交通事故など一度の体験で終わってしまうものは比較的、回復しやすいのですが、小さい出来事でもいつも続いていると傷が大きくなります。親や教師にしょっちゅう叱責を受けている子どもは、それが回復できないような心の傷になってしまうこともあるのです。心の傷の大きさを体験の大小だけで判断しないことが大切です。

また、不快な体験をして、それが精神的な後遺症として表面に表れるまでの時間は様々です。この表に出た心の傷の症状のことをトラウマ反応と言いますが、この反応は体験から大体1ヶ月以内に出現するのが普通ですが、6ヶ月後ぐらいに出てくることもあるのです。小学生でも高学年になると普通を装うということをしますから、症状が明らかになるまでに時間がかかることがあります。6ヶ月ぐらいは、周りを心配させまいとして頑張ってしまうのです。

そして、このトラウマ反応は、同じ体験をしても、人によって出方が違います。同じ体験が、ある子どもには心の傷になってしまい、ある子どもには傷にならないということもありますし、トラウマ反応の強弱にも差が出ます。

それは、その子どもの経験にもよります。例えば、おじいさんやおばあさんが亡くなった経験がある子は、そういう経験がない子よりも、人の死に対して免疫があって強かったりするのです。

心の傷の3つの症状

退行反応

幼児に戻ってしまう。
しくしく泣く。
親にベタベタ甘える。
おねしょが復活。

生理的反応

頭痛や吐き気がする。
眠れなくなる。
食欲がなくなったり
過食に。
便秘や下痢になる。

情緒的・行動的反応

イライラしたり集中できない。
不安や脅えを感じる。
攻撃的、破壊的になる。
急に泣いたり、
抑うつ状態を繰り返す。

それでは、トラウマ反応、心の傷の症状とはどんなものなのかを説明します。子どもの症状は大きく3つに分けることができます。

幼児に戻ってしまい 親に甘えるように

まず、子どもに特徴的な症状として、退行反応があります。つまり、幼児に戻ってしまうのです。

しくしく泣くことがあったり、幼児語をしゃべってみたり、親にベタベタ甘えたりします。親の気を引こうとして、きょうだいと争ってみたりする一方で、家のお手伝いなど、これまで出来たことが出来なくなります。おねしょ(夜尿)が復活してしまうこともあります。

症状は体にも現れます。それが2つ目の生理的反応です。

頭痛や吐き気が起きたりするほ

売上カード
グローバル教育出版 TEL 03(3253)5944
FAX 03(3253)5945
サクセス編集室
中学受験 サク
0円+税

心の傷を癒すための10か条

1 心身の症状が心の傷によるものだと見抜く

2 今の状態は必ず元に戻ると安心させる

3 感情を言葉にして外に出すように手助けする

4 子どもが気がかりになっていることを話し合う

か、じんましんのように皮膚がかゆくなったり、体に痛みを感じることもあります。睡眠障害も起きます。眠れないだけでなく、悪夢を見たり、夜中に急に起きて叫び声を上げたりもするのです。食事についても、食欲がなくなったり、逆に過食になったりします。便秘や下痢になったり、頻尿になったりもします。

3番目は情緒的・行動的反応です。表面的には明るく見えるのですが、イライラしたり、物事に集中できない、動き回るという情緒が不安定な状態が現れます。

不安感・恐怖感、脅えといったものが生まれることもあります。ひとりでお風呂に入るのを怖がったり、ひとりでトイレに行けなくなったりします。家の外から聞こえる車の音や雨風の音に脅えたりもします。

攻撃的、破壊的な行動が表れることもあります。子どもの場合は、おもちゃや人形を壊したりすることがよくあります。

悲しみが襲ってきて、急に泣き出したり、抑うつ状態になってボーッとしてしまうということを繰り返します。

何もかも自分にせいにして、自分を責めるということも起きます。

小学校の高学年であれば、友だちを避ける、家族を避けるという行動を示すこともあります。

好きだった趣味もやらなくなります。

こうした状態が長続きすると、成績は落ちますし、みんなに元気についていくことが苦痛になって、不登校や引きこもりになることもあります。朝、フトンをかぶったままで起きることができないのです。

心の傷によるものと見抜くことが大事

それでは、心に傷を負ってこんな症状が現れている子どもに、親はどのように接していったらいいのでしょうか。

（1）まず最初には、子どもに現れている心身の症状が、心の傷によるものだと見抜くことが必要です。子どもはどんな体験をしたかを、親に話すとは限りません。自分自身でも、何が心の傷になっているのか、わからないケースもあるのです。

場合によっては、半年前の出来事のせいで、症状が現れてくることもあります。ですから、親には子どもに何があったかわからないことが多いのです。

しかし、何かいやなことがあったのではないか、その後遺症が出ているのではないか、と想像してみることが大事です。

そして、これが重要ところなのですが、だからといって、「何があったの」と子どもを問いつめてはダメです。それは傷を癒すこと

5 症状が元に戻るように、具体的に手助けする

6 勉強がおろそかになっても大目に見てあげる

7 身体的な活動をするように勧める

8 友だちと遊んだり話したりすることを勧める

9 以前よりよくなったことを説明して安心感を与える

10 心の傷の原因に対する解決策を話し合う

にはつながりません。

（2）心の傷の原因を追求するのではなく、それよりも、今の状態は必ず元に戻るから、心配しなくていいと子どもに語りかけてください。「お母さんがいるから、大丈夫！」と子どもを勇気づけ、安心させるのです。

（3）つぎには、子どもが感情を言葉にして外に出すように手助けしてあげてください。悲しいときは、我慢せずに嘆き悲しんでいいんだということを教えます。子どもと感情を共有して、子どもの気持ちを代弁してあげることも必要です。場合によっては、抱いてあげたり、手を握ってあげて、親の愛情を伝えてください。

（4）子どもが気がかりになっていることを話し合います。例えば、おじいちゃんが亡くなったときに、自分は間に合わなかったことを気にしているかもしれません。そんなときは、子どもに罪悪感を持たせるのではなく、あなたが悪いんではなく、しかたがなかったんだと話してあげます。

回復が安定したなら問題解決を話し合う

（5）症状が元に戻るように、具体的に手助けをして、安心感を与えます。例えば、食欲がない子どもに対して、半分でいいから食べようと励まします。眠れない子どもに対しては、一緒に添い寝してあげるということも試してみます。子どもと一緒になって、解決方法を探してあげてください。

（6）こういう状態のときは、勉強がおろそかになることもあります。しかし、それについては大目に見てあげましょう。その上で、勉強にこだわらずに、例えば、お手伝いが出来たなど、何かいいところがあれば、そちらをほめて自信を持たせます。

（7）身体的な活動をするように勧めます。スポーツが出来れば、もちろんいいのですが、外に連れ出して、一緒に散歩するのでもいいのです。とにかく、体を動かせることがいいのです。

（8）友だちと遊んだり話したりすることを勧めます。自分からは会いたくなくなっているかもしれません。そんなときには、友だちに来てもらっていいのです。

（9）少しでも症状が回復したら、以前よりよくなったことを説明して、回復していくことへの安心感を与えます。さらに、心の傷から少しでも回復できたということは、以前の自分よりも、とても成長したということなのだと教え、勇気づけます。

（10）症状の回復に安定感が見られたところで、初めて、心の傷の原因となった問題に対して、解決策を話し合います。例えば、教師のたび重なる叱責が原因になっていたらとしたら、教師を交えて、それについて話し合うことが必要になります。原因を取り除くところまで来ることができれば、あとは心配いりません。

ココロとカラダの特集

特集2

子どもに多い 貧血を 見逃さない

**「貧血」というと、
ほっそりとした色白の大人の女性を思い浮かべがちですが、
身体が急に成長する小学校高学年から高校生までの数年間は、
じつは、生涯で最も貧血が起こりやすい年代。
思春期の貧血は集中力や記憶力を鈍らせ、
学業にも影響しかねないので注意が必要です。**

文◉深津チヅ子　イラスト◉土田菜摘

子どもは常にはつらつと活動するものと思い込んでいると、わが子がそうでないとき、だらしなく見えてイライラすることがあるかもしれません。たいした運動もしていないのにすぐに疲れたと弱音を吐いたり、勉強を始めても長続きせず、だるそうにごろごろし始めたり。親としては「気合が足りない」と小言のひとつも言いたくなるでしょうが、5年生頃から始まる思春期の子どもの中には、身体の急激な変化のために、躍動的に過ごしたくてもできない子がいます。原因のひとつとして考えられるのが、貧血です。

貧血と聞くと、長時間立ちっぱなしで気分が悪くなったり、急に立ち上がったときの立ちくらみを思い浮かべる人も多いと思います。たしかに、このような場合を私たちは「脳貧血」と呼んではいますが、実際には貧血ではなく、頭部にまで一時的に血液を送り出せなくなって起こるトラブルで、血液自体に変化はありません。

本当の貧血は、全身に酸素を運ぶ役割を担う赤血球中のヘモグロビンが不足した状態をいいます。「貧しい血」と書くのは、ヘモグロビンが貧しいわけです。そして、思春期の子どもたちは、ヘモグロビンの材料となる鉄分不足からくる「鉄欠乏性貧血」をとても起こしやすいのです。

成長期は鉄分不足の要注意世代

子どもの貧血に詳しい日本医科大学付属病院小児科の植田高弘先生は「思春期は生涯の中で最も貧血が多い年代」と話し、その理由を次のように説明します。

「成長期の子どもは、身体が大きくなるのに伴い筋肉や血液量も急に増えるので、通常以上に鉄分が必要になります。いっぽう女子の場合は月経が始まって、血液とともに鉄分が失われていきます。〝需要と喪失〟が重なって、思春期は鉄分不足に陥りやすい状態になるのです」

もちろん、きちんと食事をとり十分に栄養が補われていれば、鉄分不足になる心配はありませんが、成長期なのにダイエットをしたり、コンビニ食やファストフードで食事を間に合わせて、スナック菓子で小腹を満たすというような偏った食生活を続けていると、女子に限らず貧血への道を歩み始めることになります。

小学生では、貧血とされる子は男女ともに2～5%程度にとどまりますが、女子は大きくになるにつれてその割合は増えます。

「最近のデータでは、女子高生の約20%に貧血があるとされ、とくに女の子は小学生のうちから注意していきたい、とても身近な身体のトラブルなのです」と植田先生。

では、鉄欠乏性貧血になるとどんな症状が現れるのでしょうか。じつは、この貧血はゆっくりと進行するために身体がその状態に順応してしまい、あまり自覚症状がありません。そのため、なかなか気づきにくいのですが、何となく疲れやすい、頭が重苦しい感じで頭痛がする、走ったり階段を上ると前よりドキドキするなど、原因のはっきりしない「不定愁訴」があれば、貧血の可能性があると思っていいでしょう。顔色、唇の色、まぶたの裏に赤みが少ないのも判断の手がかりになります。

意外に思われるかもしれませんが、鉄分不足が学業不振の原因になっていることも。

「脳内物資合成に鉄分が深く関与しているためといわれ、不足すると、イライラしたり、集中力や記憶力の低下を引き起こすのです」（植田先生）

成長期に入った子で、偏食や食生活の乱れがあり、日常生活全般に活気が見られず、机に向かうのに成績が落ちてきたなどという場合は、子どもを叱るのではなく、貧血を疑い小児科を受診すると、問題解決の糸口になるかもしれません。

貧血改善後も しばらくは 鉄剤の服用を

貧血の有無は血液検査をすれば、すぐにわかります。小学生の場合、血中のヘモグロビン値が12g／dℓ以上あれば正常とされ、それ以下の場合は、医師の指示に従い鉄剤を飲み治療します。飲み始めて6～8週間で貧血は改善されますが、大切なのは、その後1～2カ月は服用をやめないことです。

鉄分は、血液中だけでなく肝臓などにも「貯蔵鉄」としてストックされています。日々の食事で供給されるべき鉄分が足りないとなると、貯蔵鉄でやりくりしますが、それも失われると、血中の鉄分が減っていきます。

「貧血というのは、体内の鉄不足が相当進んでしまった状態ということになります。この危機状況を脱するために、鉄剤でひとまず血中の鉄不足を正常に戻して貧血を治し、その後さらに鉄剤を飲み続けて、貯蔵鉄を満たしておく必要があるのです。言い換えれば、貧血になったら、食事やサプリメントくらいでは、とても追いつかないということ。鉄剤で治療しない限り、貯蔵鉄の改善までは無理だと思ってください」と植田先生は指摘します。

治療後は、再燃しないように規則正しい食事をしましょう。効率よく鉄分を吸収するには、赤身の魚、肉、レバー、貝類などに含まれる動物性鉄分がおすすめ。小松菜やほうれん草などの野菜にも鉄分は含まれますが、肉類などに比べて鉄の吸収率は1／5ほどしかありません。

平成6年までは、学校で一斉に貧血検査が行われていましたが、現在は任意の検査に変わり、貧血が見逃されがちです。学校生活に問題はないのに、高学年になった頃から、以前と比べて元気がなく心配だというならば、貧血の可能性も考えてみるといいでしょう。

子どもの本の世界

親友を見つけるように名画に出会ってほしい

**知識なんていらない。
自分の目でお気に入りの絵と出会ってほしい。
そして「私の名画コレクション」を作ろう。
本当にいい絵には人を励まし、
慰める力があるから。**

結城昌子

［アートディレクター・絵本作家］

構成◉橋爪玲子

人間は、太古の昔に絵を描き始めました。以来、常に絵を描き続けてきました。子どもも、お絵描きが好きですよね。でも、大人になると、なぜか絵を描かなくなり、絵を「芸術」という堅苦しいものに感じてしまう。それは、もったいないですよ。子どもたちには、名画と一生付き合っていく人間になってほしいですね。

名画には、ものすごいパワーがあります。「買ったら何億円」なんていう金額ではなく、強烈な力があるんですよ。ダ・ヴィンチの「モナ・リザ」は、描かれてから約500年。それだけの歴史と戦火をくぐりぬけ、時代を超えて受け継がれてきた絵には、人を魅了する圧倒的なエネルギーが宿っています。そのパワーを知識からではなく、皮膚で感じてもらいたい。

『ゴッホの絵本　うずまきぐるぐる』（小学館）は、ゴッホを何も知らない子どもたちに、その魅力を感じてほしくて作りました。ゴッホの大きな特徴は「渦巻き」。この強烈な印象や魅力、パワーを感じてもらいたくて作りました。「朝日小学生新聞」で名画の魅力を見つけようという連載を16年続けていますが、ゴッホはそのきっかけとなった作品です。

実は、私がゴッホを初めて見た瞬間に心を奪われたのが、この渦巻きでした。回る渦巻きに気持ちが悪くなり、怖くて夜も眠れなくなってしまったんです。布団に入っても、枕元で渦巻きがぐるぐるぐるぐる回るんです。トイレに行くのも怖くなって、夜中に妹を起こして付いて行ってもらうほどでした。

1枚だけもらえるなら と思いながら絵を見る

絵ってこんなに嫌なものか、と思ったんです。でも、怖いもの見たさで何度も見るうち、「こんな所にも渦巻き！」「ここにも！」。発見を重ねるうちに、気づいたら、すごく好きになっていたんです。そんな体験を子どもたちにもしてもらいたくて、作った本です。

名画は、いい友だちと同じです。本当にいい絵には、人を励ます力や慰める力があります。どうしようもなく落ち込んでいても、いい絵を1枚見ると、パッと世界が変わったり、嫌な気分がハラハラとほどけていったり、勇気がわいたり……。私自身、そんな経験をたくさんしてきました。だから、子どもたちにも、たくさんの「親友」を見つけてもらいたいんです。

いい絵と、どうやって出会うのか。「これから出会うぞ！」って構えたり、下調べしたりするんじゃなくて、何も知らずに普通に接すればいいと思います。だって、友だちとの出会いも、そうじゃないですか。出会って、付き合い始め

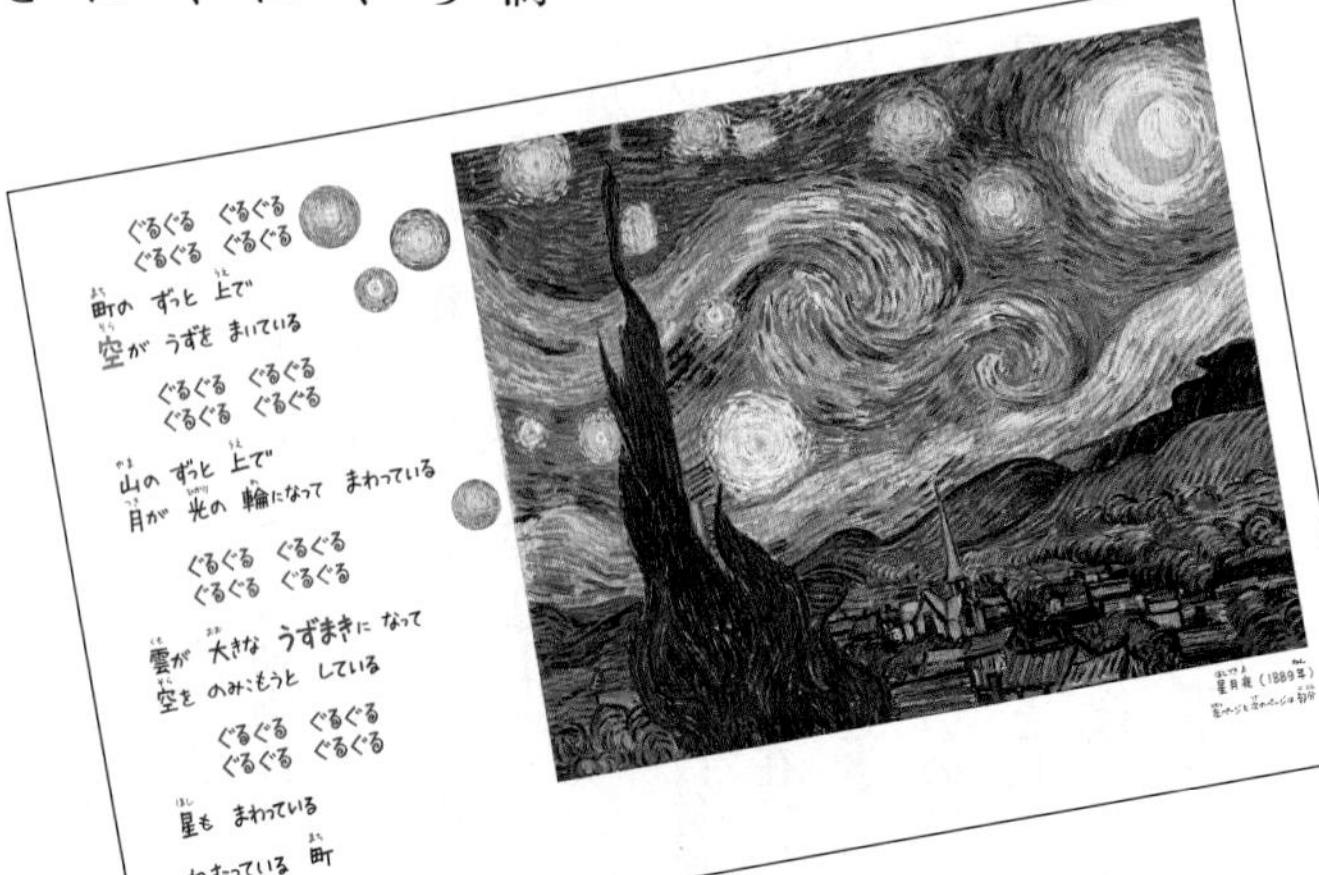
ぐるぐる　ぐるぐる
ぐるぐる　ぐるぐる
町《まち》の　ずっと　上《うえ》で
空《そら》が　うずを　まいている
ぐるぐる　ぐるぐる
ぐるぐる　ぐるぐる
山《やま》の　ずっと　上《うえ》で
月《つき》が　光《ひかり》の　輪《わ》になって　まわっている
ぐるぐる　ぐるぐる
ぐるぐる　ぐるぐる
雲《くも》が　大《おお》きな　うずまきに　なって
空《そら》を　のみこもうと　している
ぐるぐる　ぐるぐる
ぐるぐる　ぐるぐる
星《ほし》も　まわっている
ねむっている　町《まち》
星月夜《ほしづきよ》（1889年《ねん》）

結城先生の著作です

てから、知っていけばいい。友だちも、付き合い始めてから、末っ子なんだとか、お父さんの仕事とか、後から情報が入ってくる。絵との出会いも、そうであっていいんじゃないでしょうか。

最初から「これはルネッサンスの絵です」と勉強してから接する方法もありますが、歴史から入ると見落としてしまう魅力が、絵にも友だちにもあります。それに、「この絵はすごい」って誰かが言っているから「なるほど、すごい」じゃつまらない。自分の目で、すごさを発見する。友だちの良さって、人に教わるものじゃなく自分で見つけるものじゃないですか。

じゃあ、どうすればいいのか。

私のお勧めは、「家に持って帰っちゃう」です。本当に盗んでくるんじゃありませんよ。美術館に行きますよね。で、1枚だけもらえるなら、どれをもらうか。そう思いながら絵を見るんです。「この絵をもらおう」と決めたら、じっくりとその絵を見るんです。美術館に行っても、展示されている絵を全部見なくてもいい。それより、1枚のお気に入りの絵と出会う方が、ずっと大切です。

傑作と呼ばれる作品は名画の懐の深さがある

1枚の絵と「友だち」になると、どんどん好きな絵が広がって、心の中に、「私の名画コレクション」が増えていきます。ある日、気づくんですよ。「あれ、私の好きな絵って、こういう特徴がある」って。色がきれいな絵が好きだとか、風景が好きだとか、風景でも緻密じゃない絵が好きだとか、裸婦ばっかりだ、とか。旅行先では決まって美術館に行き、1枚でもコレクションを増やすなんて遊びをずっと続けたら、楽しいと思いますよ。

私は、「朝日小学生新聞」では「モナ・リザ」に落書きしたり、絵本作品ではゴッホの絵を塗り直したりするような遊びをしています。名画は、いたずらのような遊びでも受け入れてくれるんです。いろいろな見方や解釈を許してくれる懐の深さがあります。逆に言えば、一つの見方しかできない絵というのは、「痩せた絵」なんです。

傑作と呼ばれる作品は、驚くほど様々な見方を許してくれる。その豊かさが、名画の名画たるゆえんです。

とはいえ、子どもが自発的に美術館に行きたがるわけがありません。絵との出会いは、最初は親御さんが連れて行ってあげてください。お子さんと一緒なら、企画展は避けた方がいいかも。特に「世界的な名画の初来日」となれば、会場は大混雑。ゆっくり見る時間なんて、ありません。

私なら、常設展に行きますね。お勧めは、ちょっと名画が見たければ、上野の国立西洋美術館。印象派のころの名画なら、東京駅近くのブリヂストン美術館。神奈川県・箱根のポーラ美術館も、名画がそろっています。倉敷市の大原美術館もいいし、広島市のひろしま美術館もいいですね。

親と子を対象にした名画と遊ぶワークショップで痛感していることがあります。何の知識も入れずに名画と相対した子どもの観察力は、すごい。子に名画を見せるつもりが、逆に親御さんが名画の見方を教わるかもしれませんよ。

生涯の親友として力を与え続けてくれる名画と出会い、お子さんの「心の中の名画コレクション」が増えることを願っています。

ユウキマサコ

東京都出身。武蔵野美術大学卒業。アートデレクター、エッセイスト、絵本作家。朝日小学生新聞で「遊んでアーティスト」を連載中。主な著書に『ゴッホの絵本・うずまきぐるぐる』をはじめとする「あーとぶっくシリーズ」（全13巻）『ひらめき美術館』（全3巻）や『原寸美術館・画家の手もとに迫る』（すべて小学館）などがある

ココロのInterview 36

構成◉橋爪玲子
写真◉越間有紀子

子どもの無邪気な笑いは大人たちを元気付けてくれる。笑うことは、人生で一番大切なこと。

電気屋を営んでいる父親から受け継いだのは「サービス精神」。感謝の気持ちを忘れず、徹底的にお客様に尽くす。その精神を引き継ぎ、手品師として、活躍中。子どもから大人まで、舞台の上のマギー審司さんを見て笑ってくれる姿が彼に力をくれる。

僕の本名は「三浦」です。父との子どものころの約束では、宮城県気仙沼の実家の電気屋「あなたの三浦電気商会」（現在の店名は「ハート三浦」）を継ぐはずでした。電気屋さんと無関係の芸能界。でも、「サービス精神」は父が教えてくれました。「家電は、買った人が幸せになる。売った人も幸せになる」って。徹底してお客様に尽くす。だから、実家の店もお客さんを第一に考えて「あなたの」と名乗っていたんです。

高校を卒業した後、寿司職人として渡米

高校卒業後、すぐに店を継ぐはずでした。ところが、寿司職人として渡米することになったんです。店の常連だったお寿司屋さんが、父に語った一言がきっかけでした。「すぐに店を継ぐんじゃなくて、一度、日本を外から見るのもいいんじゃないかな」って。そのお客さんは、サンフランシスコに握り寿司を教えに行くような人でした。僕も、これから一生電気屋をやる前に、外の世界を見たかった。そこで、寿司職人としてアメリカに渡ったんです。

でも、中学、高校と、英語は大の苦手でした。お客さんとコミュニケーションが取れない。そこで考えたのが、小学校のころ興味を持った手品です。手品の本を買ってきて、お客さんに見せ始めました。アメリカ人の家族連れに見せたら、子どもが「なんで？　なんで？」って喜んでくれる。そうすると嬉しいから、次に来たときのために新しいネタを用意しておく。こうして、マジックの勉強を始めました。

ある日、プロのマジシャンが、お客さんとして来ました。手品を見せたら、「すごいじゃん。僕のも見て」って言って、目の前で畳んだ1ドル札を宙に浮かせたんですよ。で、その1ドル札を受け取って広げてみたら、20ドル札になっていました。

どうしてか分からなくて、猛勉強しました。そして、次に彼が店に来たとき、前回見せてくれた彼のマジックをさらにアレンジして演じて見せました。「すごい、すごい」と喜んでくれて。そして、「でも、もっといい方法があるから教えるよ」って。それから、休日は決まって彼と会うようになりました。喫茶店に行けば、スプーンを曲げちゃう。ビリヤードに行けば、ビ

マギー審司

［手品師］

震災当時、子どもがいなかったら、大人たちはみんなダメになっていた

リヤードの球を消しちゃう。彼のカタコトの日本語と、僕のカタコトの英語で、いろいろなマジックを教えてもらいました。

　1年4カ月後に、帰国。家業を継ぎ、お客さんに手品を見せながら、テレビや冷蔵庫を売っていました。そのころ、テレビの「笑っていいとも」に、素人参加の「君こそなんでも日本一」というコーナーがあったんです。素人芸を見せるだけなんですが、オーディションに合格しないとテレビには出られません。

　アメリカ仕込みの手品ですから。多少の自信はありました。でも、落選。ショックでした。しかも、僕よりどう見てもヘタな人が合格しているんです。

　悔しくて、悔しくて。どうして僕が落ちて、彼が合格したのか。考え抜いてたどり着いたのが、「テレビって、技術じゃないんだな」ということです。

　ふと思い出したのが、「マギー司郎」です。いまでは僕の師匠なんですが、師匠のネタを見たことがある人にはわかると思いますが、手品は決してすごくはないんです。でも、師匠の舞台は面白い。何が面白いのか考えました。そして、マギー司郎をヒントに、見た目を面白くしようと思ったんです。

師匠に教わったのは、「人間づくり」の大事さ

　アメリカから持ち帰ったカウボーイハットを被って挑戦したら、見事、合格。気仙沼に帰ったら、「見たよ、見たよ」って、大騒ぎ。気持ちよかったですね。俄然、芸能界に興味がわきました。

　でも、田舎者ですから、どうすれば手品師になれるかなんて、分かりません。ところが、縁っていうものがあるんですね。ある日たまたま、僕がマジックグッズを仕入れていた仙台のショップの店長さんに、「マギー司郎って、いいですよねえ」なんて言ったんです。そうしたら、「連絡してみたら？」って。ショップに、「日本奇術協会」の名簿があり、マギー司郎の連絡先が書いてあったんです。早速、ハガキを書きました。

　数日後、マギー司郎師匠から、電話がかかってきたんです。「じゃあ、一度会ってみる？」って。お会いしたその日、師匠は舞台の仕事がありました。そして、「ちょっと手品やってみる？」って言うんです。会ったその日に、初舞台です。お客さんの前で、ボソボソしゃべってしまった僕も悪かったんですが、全然、ウケませんでした。2000人くらい詰めかけた会場が、シーーーン。これは、つらいですよ。ところが師匠の舞台は、どっかん、どっかん、ウケているんです。

　さっきも言いましたが、師匠の手品は決してすごいわけじゃないんです。師匠が、「横縞のハンカチを縦縞にしますね」と言って、ハンカチを回転させてるだけですから。正直、手品じゃないですもんね。　師匠の魅力は、師匠の舞台を見た人は手品を見たんじゃなくて、「マギー司郎を見た」ということなんです。

　マジックバーに行ったことがある人から聞いた話ですが、自分が印をつけたトランプのカードが消え

まぎー しんじ

1973年、宮城県生まれ。高校卒業後、渡米して寿司屋で働く傍ら、マジックの腕を磨く。帰国後、マギー司郎に弟子入りし、「マギー審司」の芸名で芸能活動を開始。「でっかくなっちゃった!」のセリフとともに耳を大きくするネタで全国区に。故郷の気仙沼が東日本大震災に遭い、支援活動を精力的におこなっている。

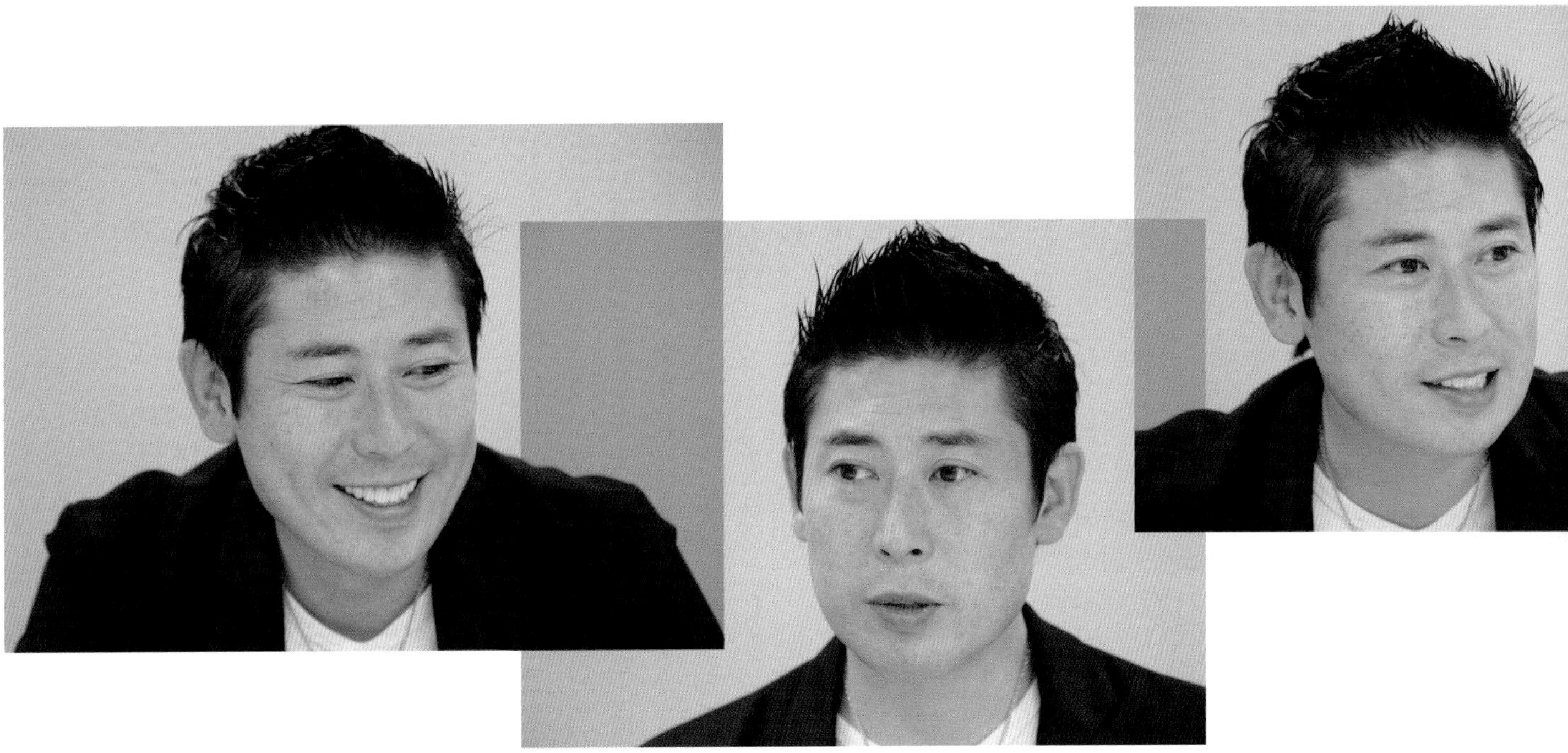

ちゃった。でも、同じテーブルにあったレモンを割ったら、そこから出てきた。いやあ、すごい手品だ。でも、演じた人の顔なんて覚えていないそうです。ところが、マギー司郎の舞台を見た人は、どんな手品をやったか覚えていないけれど、「マギー司郎を見た。面白かった！」って。

人間の魅力なんですね。これこそが、芸人なんだと思います。芸人として生きていくためには、「人間づくり」が必要なんだと感じています。師匠に弟子入りして、18年がたちました。教わったのは、マジックというより、芸人としての「人づくり」ですね。

人と違った発想を持てるように、人とは違った生活をすることが大事だ、と言われています。とにかく外に出て、いろいろなものを見たり経験したりしろ、とも言われました。

お金がなくても、ものを見ることはできるんです。１３０円で切符を買って、山手線をグルグル回るだけでも、いろいろな人を観察できます。そんな経験から、アイディアを育てていく。

昨年3月11日の東日本大震災では、実家も被災しました。祖母を失い、親類も亡くしました。本当につらくて、どうしていいか分からなくて。でも、2人の子どもの無邪気な姿に励まされ、時間の許す限り被災地に行き、支援活動をしています。

震災以来、ケンカする時間がもったいない

最初はみなさん、心から笑っているわけじゃなかったと思います。気を遣って笑ってくれていたんだと思います。そして、そんな被災された人たちの元気を絞り出してくれたのが、被災地の子どもたちの姿だったと思うんです。

あすの生活が見えず落ち込んでいる大人を気遣って、子どもが笑う。すると、こんどは大人が子どもを気遣って、元気を絞り出していたんだと思います。震災当時、子どもがいなかったら、大人たちはみんなダメになっていたんじゃないでしょうか。

でも、子どもだって、疲れ果てていたと思います。だから、僕は、その子どもたちを心から笑わせてあげたい。子どもたちのいる学校に、飛び込みで行くんです。そして、「でっかくなっちゃった！」って。

震災直後、故郷は全滅だと観念しました。だから、生き残った家族と連絡がついたとき、心から嬉しかった。あれ以来、ケンカしたり怒ったりする時間が、もったいなくなりました。いま生きているのに、笑わないでどうするんだろうって。

芸人として、みなさんに「笑い」を提供できるというのは、本当に幸せですね。笑うことは、人生で一番大切なことだと思います。その大切な時間を、お客さんと共有できるんですから、本当に幸せです。

でも、みなさんを笑わせながら、本当は、僕が幸せをもらっているんでしょうね。すべてを忘れて笑っている、みなさんの姿を見るのが、うれしいんです。父から受け継いだ「サービス精神」ですから。

子どもたちは今
保健室より

保健室は子どもたちにとって
大切な居場所です。
そこでは、担任の先生や親の前とは
違った顔を見せてくれます。
子どもたちの今を、
保健室よりお伝えします。

熱もなくて元気に遊ぶのに食べたものを吐いてしまう小学1年生

文◉井上優子・いのうえ・ゆうこ
東京都内の区立小学校で養護教諭
イラスト◉土田菜摘

「先生…またゲーしちゃった…」給食の時間が終わろうかというころ、1年生の涼太が保健室にやってきました。ズボンのお尻のポケットには、家から持ってきたビニール袋が数枚のぞいています。「大丈夫？ゲーしたの持ってる？」「うん」涼太は、嘔吐物の入ったビニール袋を差し出しました。そこには、ちょうど一口分の給食を嘔吐したものが入っています。

　涼太はここ2週間ほど、ほんの少しだけ給食を嘔吐することが続いており、始めのうちは、何度か保護者に迎えに来てもらうこともありました。こらえきれずに嘔吐してしまうのではなく、自分で用意したビニール袋に一口吐くだけ。熱もなく元気に外遊びもしているし、自宅で嘔吐することはないというので、感染性の病気が原因ではなさそうです。

　「昼休みの時間は、ちょっと保健室で休もうか。5時間目は学芸会の練習だよね。涼太くんがんばってるもんね」

「うん」「ちょっと吐いちゃっても、大変な病気じゃないから大丈夫だよ」「うん」「先生と一緒にお布団で寝ようか。元気になるかも」「やだやだ〜」話をしているうち、冴えない顔色をしていた涼太の顔に、笑みが浮かんできます。

　涼太は真面目でがんばりやの性格です。最近弟が生まれ、お兄ちゃんとして赤ちゃんの世話や母親のお手伝いもよくしてくれるようです。ちょうど用事があって来校した母親と話をすることができました。

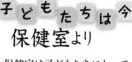

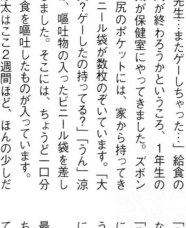

　「病院とか相談機関とかにかかった方がいいでしょうか…もしかしたら体に異

ココロとカラダの特集

親と子の 悩み相談コーナー

子育てに悩みはつきもの。
日々、子どもと接しながら、親として迷ってしまうのは当然のことです。
そんな時のヒントになるように、専門家にアドバイスを聞きました。

写真◉越間有紀子

的場永紋
まとば・えいもん
臨床心理士。東京都スクールカウンセラー、埼玉スクールカウンセラー。草加市立病院小児科、越谷心理支援センターでも心理相談を行なっている。

相談1

子どもに毎日同じことを注意していますが、一向に言うことを聞かず、ちゃんとできるようになりません。どうしたらいいのでしょうか？

「宿題やったの！」「脱いだ服を片付けなさい！」など、毎日同じことを注意するのは疲れてしまいますよね。しかも、子どもは徐々に注意に慣れてきて、返事だけはするものの実際には動かなかったりします。これでは、しまいに「何度言ったらわかるの！」と怒鳴ってしまうはめになるのも無理はないでしょう。

　そもそも人間の脳は、何度も耳にする指令を無視するようになる特徴があります。つまり、聞きなれた命令に脳が慣れてしまい、重要な情報だと認識しなくなるのです。毎日一生懸命に注意している言葉も、脳の内部にインプットされずに無視されてしまい、ただの音声として聞き流されてしまうのです。聞き流されないようにするためには、「いつもとは違うぞ」という情報を与えて、脳に「おや、なんだ」と反応させる必要があります。大声で怒鳴ったり、脅し文句を言ってみたり、げんこつしたりすることは、いつもとは違う情報を与えるため、一時的には無視できなくなります。しかし、これらも繰り返しているとやはり「慣れ」が生じてきてしまいます。そのため、さらに怒鳴ったり、脅したり、ときに常があるということもありますよね」「ご心配ですよね。もちろん、気にせず放っておいてよいというわけではありませんが…お家での様子はどうですか?」「まったく変わりはないし、食事のあと気分が悪くなるということもないんです」「学校でも元気に過ごしているし、給食を少し増やしに来ることもあると担任から聞いています。だから胃腸の問題ではないと思うんです」「あんまり心配しすぎない方がいいですか?」「給食のことには触れないで、学校での出来事を聞いてあげる時間を作るといいかもしれませんね。赤ちゃんが生まれたばかりで、お母さんもお忙しいと思いますが…」「確かに今は、下の子ばかりに目が向いていて…寂しいのかもしれませんね」

　学芸会という大きな行事が近づいて、学校全体が落ち着かない雰囲気になっています。涼太は給食後だけでなく、腹痛や頭痛を訴えたり、ちょっと見にはわからないほどの小さな傷を手当てしに来室したりするようになりました。それでも、5分ほどソファに座っておしゃべりをしていると「もう大丈夫だから帰る」と自分から教室に戻ります。2学期は忙しいから疲れが出てきたということもあるかな、と私も焦らずに様子を見ることにしました。

　学芸会では、涼太は〝始めの言葉〟の担当として、数名の1年生とともにステージに上がりました。大きな声で堂々と話をする姿から、家庭でも一所懸命練習してきたんだろうなと想像できました。そして学芸会が終わった翌週から、涼太の来室はピタッと止んだのです。

　担任に、教室での涼太の様子を聞きました。「確かに最近は吐いてない。そういえば、不調を訴えることもないわね」「もしかしたら、学芸会に緊張してたとか。〝始めの言葉〟がプレッシャーだったということはないですかね」「学芸会か…。赤ちゃんが生まれたって聞いて、そればかり頭にあったわ。〝始めの言葉〟は立候補してたから、まさかそれが原因とは考えなかったなあ」と、担任はあらためて幼い子どもの気持ちを推し量ることの難しさを感じたようでした。

　気持ちを言葉で表すことができないとき、子どもはそれを身体症状として表現することがあります。保健室での訴えの裏にあるものを読み取るのは簡単ではありませんが、少なくとも額面通りに受け取って大したことはないと判断し、子どもの不安や寂しさを置き去りにしてしまうことのないようにしたいと思いました。

は体罰がエスカレートしてしまうこともあったりするのです。

望ましい行動をさせるには子ども自身に考えさせる

　このような場合、子どもが勉強したり、片づけたりするのは、「怒られるのが嫌だから」という理由であり、「叱る人がいなければやらない」というふうになってしまいます。親としては、子どものことを思って一生懸命に伝えているのでしょうが、その意図や目的が正しく伝わっていないのです。つまり、子どもに何か望ましい行動をさせたいとき、命令や注意をしても有効ではないのです。

　では、子どもに望ましい行動をさせるためには、どうしたらいいのでしょうか?望ましい行動をさせるためには、まず、子ども自身が自分の行動に気付かなくてはなりません。自分の行動を意識して初めて、行動を変えることができます。

　そして、行動を変えるためにもう一つ重要なのは、子ども自身に考えさせることです。例えば、子どもが学校から帰って来ると、服を床に脱ぎっぱなしにしているとします。親としては子どもに脱いだ服を脱衣所に持っていって欲しいので、そうするように毎日注意をしていますが、一向にできるようになりません。これは、子どもがその注意を聞き流しており、服を脱ぎっぱなしにしているという自分の行動を意識していないからです。そこで、「その脱いだ服はどこに置いたらいいと思う?」と子どもに聞いてみます。すると、そこで初めて子どもは自分が服を床に脱ぎ捨てていることを意識し、ではその服をどうしたらいいかと考えるのです。

　このように、周囲の大人が、子どもに考えさせる質問を上手にしてあげることで、ゆくゆくは自ら考えて行動できるようになっていきます。自分で考えた行動については、自分で責任をもつようになるため、子どもの自立を促すことにもなるでしょう。子どもがどんなふうに考えて、どのように答えるのかを楽しみながら、やりとりできるといいですね。

レッツ

何でもトライ

5

防災に挑戦！

消防服も
着れるよ！
帽子も被ってハイ、
チーズ！

縄一本を身体に巻いて
綱渡りします。
緊張していますー。

今回は「安全への備え」に取り組みます。
地震や火事などの災害が起きたとき、
どうしたら冷静に対応できるでしょうか。
毎年開催されている横浜市消防局主催の消防フェア
（9月22日、横浜市民防災センター・沢渡中央公園）で
親子が防災体験する様子をレポートしました。

写真◉越間有紀子

レンジャー体験

木と木の間に綱を張り、隅から渡ります。身体を支えてもらわないと、なかなか進まないよ！

新消火システムによる放水体験

火災の時、わずかな水で消火できる消火システムを体験。水の勢いはすごいけれど、子どもでも持てるよ！

消防隊員と
同じ色の消防服だよ！
ちょっとぶかぶか
かなあ。

SRによるデモンストレーション

災害があった時、
公的機関はすぐに駆けつける
事が出来ない事もあります。
自分たちで命を
守ってほしいのです。

当日はSRの特殊車両も大集合。
車内を見学するために長蛇の列が。

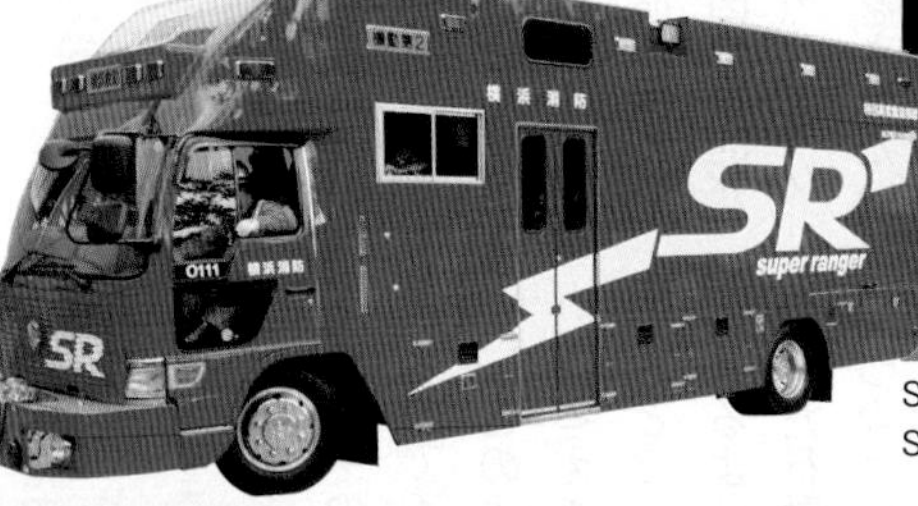

SR（スーパーレンジャー、横浜市消防局特別高度救助部隊）による救出の様子を見学。
SRは国内で発生した多数の大規模災害に出動しています。

室内で煙体験

煙や暗闇の中を歩く体験も出来ます。姿勢を低くして口を押さえ、冷静に…でもやっぱり焦ります。

Dr. ナダレンジャーによる科学実験

防災科学技術研究所の博士が地震、液状化現象等の自然災害を身近な道具で再現します。

雪崩のメカニズムを大きなビニール袋と粒状の白い粉で体験します。子どもも大人も納得の分かりやすさです！

参加についての問合せ　横浜市民防災センター　045-312-0119　http://www.city.yokohama.lg.jp/shobo/bousai/

浦和実業学園中学校

英語イマージョン教育で優秀な大学進学実績

「実学に勤め徳を養う」を校訓に、実学・徳育教育を行ってきた県内屈指の伝統校、浦和実業学園高校を母体に誕生した浦和実業学園中学校。「すべての生徒に価値ある教育を」をモットーにユニークな「英語イマージョン教育」を実践しています。昨春の第1期生に続き、今春、第2期生も優秀な大学合格実績を残して巣立ちました。

第2期生、3人に1人が国公立大学合格！

今春、中高一貫部第2期生が卒業しました。在籍42名ながら、16名が国公立大に合格。3人に1人の割合です。早稲田、上智、東京理科、G-MARCHに計32名、その他、東京薬科5名、北里4名、聖路加看護・日本赤十字3名など資格系難関大にも多数合格。すべて一貫部（42名）のみの実績です。

教育の特色「三本の柱」

こうした実績を残すことができた浦和実業学園中学校の教育は、開校以来「三本の柱」に基づき展開されています。

①「ふりそそぐ英語のシャワー」

「体育・音楽・技術家庭・美術」の授業を、日本人とネイティブのチームティーチングにより英語で実施。また、1、2年生の各クラスには日本人の担任とネイティブの副担任がつき、HRでの挨拶や伝達なども基本的に英語で行っています。年2回実施している「GTEC」のスコアも全国平均を大きく上回っています。こうした「話す・聞く」の英語能力の向上は、大学受験にも好影響をおよぼします。

また、ハワイ島にある学園施設を利用した短期留学を高校1年で実施し、大自然から地球環境を学ぶなど、さらなるパワーアップをはかります。

②「大卒後を視野に入れた進路設計」

中高6年間の発達段階に応じた独自のキャリアプログラムを年4回、6年間実施。各回ごとにテーマを設け、オリエンテーション・キャンプに始まり、職業体験・社会見学・博物館実習や各界から講師を招く講話の時間など多種多様に行います。

③「オアシス・スピリット」

机上の勉強だけでは身につかない「コミュニケーション能力」や「人間関係力」を、多様な取り組みや行事から身につけます。すでに高校で実績のある担任との交換日記により、生徒一人ひとりの心の変化を把握。また、併設の浦和大学での福祉体験など、特色ある行事で人間性を育みます。

万全な学習プログラム

「週6日制」「50分授業」、土曜日は90分2時限で確保される授業時間を使って反復学習を徹底、全生徒が主要5教科の基礎学力を身につけます。また、「朝トレーニング」では、英語・漢字・計算のドリルや読書を、放課後は指名制の「キャッチアップ補習」、希望制の「アドバンス補習」も行っています。春・夏・冬の長期休暇中には主要5教科の講習も実施します。

恵まれた環境で過ごす6年間

浦和実業学園中学校は、JR南浦和駅から徒歩12分。抜群の立地条件にある高等学校の校地内に中高一貫部専用校舎を建設しました。そこには生徒が気軽に訪れることができるよう、オープンスペースを確保した職員室や自習室、屋内運動場、多目的ルームなどがあり、3期生から8期生まで合わせて500名を超える生徒が毎日元気に生活しています。先生方はネイティブの先生と共に豊富な経験を生かし、学習はもとより、学校生活全般で生徒の指導にあたっています。

●入試説明会　10月28日(日) 10:00～
　　　　　　　11月 3日(祝) 10:00～

●入試問題学習会（学校説明会実施）　11月23日(祝) 10:00～
　　　　　　　12月 9日(日) 10:00～

●公開授業　11月19日(月)～22日(木)
9:00～15:00
(10:00～ミニ説明会)

※いずれも予約不要・上履不要

2013年度 募集要項

	第1回(午前) A特待入試	第1回(午後) A特待入試	第2回	第3回	第4回
試験日	1月10日(木) 午前	1月10日(木) 午後	1月13日(日)	1月17日(木)	1月26日(土)
募集定員	25名	25名	40名	20名	10名
試験科目	4科(国・算・社・理)	2科(国・算)	4科(国・算・社・理)		
合格発表	1月11日(金)		1月14日(月)	1月18日(金)	1月27日(日)

浦和実業学園中学校

〒336-0025 埼玉県さいたま市南区文蔵3丁目9番1号
TEL 048-861-6131（代表） FAX 048-861-6132

世界の星を育てます

中学1年生から英語の多読多聴を実施しています。
また、「わくわく理科実験」で理科の力を伸ばしています。

学校説明会

1月12日（土）
15:00～
面接リハーサル
（小6対象）
【要予約】

※説明会は予約不要

学校見学

月～金　9:00～16:00
土　9:00～14:00

※日曜・祝日はお休みです。
※事前にご予約のうえご来校ください。

■2012年度入試要項

	第1回	第2回	第3回
試験日	2月1日（金）	2月2日（土）	2月4日（日）
募集人員	約90名	約20名	約10名
試験科目	国・算または国・算・社・理の選択		国・算
合格発表	試験当日　16:00～17:00		

ご予約、お問い合わせは入学広報室までTEL．FAX．メールでどうぞ

明星中学校

MEISEI

〒183-8531　東京都府中市栄町1－1　入学広報室
TEL　042-368-5201(直通)　FAX　042-368-5872(直通)
（ホームページ）　http://www.meisei.ac.jp/hs/
（E-mail）pass@pr.meisei.ac.jp

交通／京王線「府中駅」
JR中央線／西武線「国分寺駅」　徒歩約20分　またはバス（両駅とも2番乗場）約7分「明星学苑」下車
JR武蔵野線「北府中駅」より徒歩約15分

IKUBUNKAN
YUME
GAKUEN
H3
25歳
人生の主人公として
輝いている人材を
育てます。
理事長
渡邉美樹

予約制

理事長 渡邉美樹の

学校説明会

郁文館中学校　郁文館高等学校　郁文館グローバル高等学校

全3部に分けて、郁文館夢学園をご説明いたします。

全3部

Vol.1 【9/15・10/7】 郁文館にかける思い 終了

Vol.2 【11/10・17】 25歳の意味 予約受付中

Vol.3 【12/8・15】 グローバル教育 予約受付中

学校説明会はホームページからご予約いただけます。 郁文館夢学園 検索

経営のプロが育てます。

生徒ひとり一人が違う学校へ。ニュージーランド単独留学 | 卒業論文 | 起業体験

学校法人 郁文館夢学園

〒113-0023 東京都文京区向丘2-19-1
TEL03-3828-2206(代表) www.ikubunkan.ed.jp

第10回

ありのままの表情がみえる学園祭!

芝中学校「第65回学園祭」

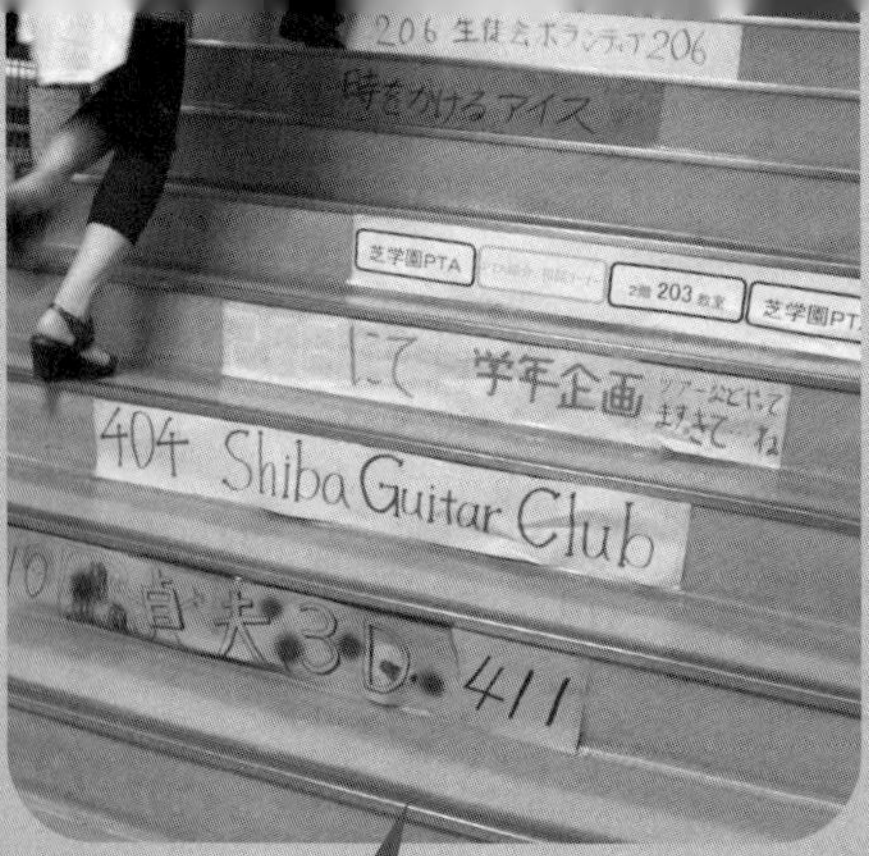

階段や廊下を彩る装飾。

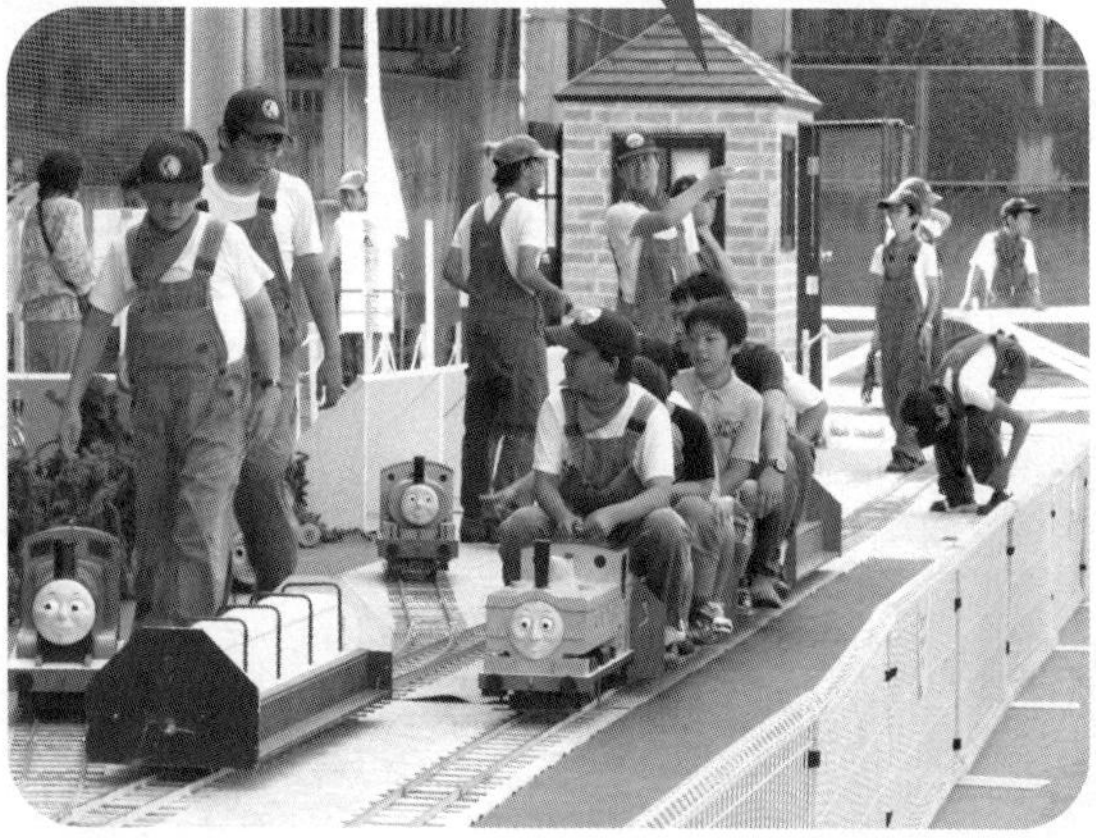

駅員の格好をした生徒たちがトーマスに乗せてくれます。

9月15日・16日に第65回芝中学校・高等学校学園祭が開催されました。中高合同で行われるこの学園祭には、近隣の方や受験生の親子をはじめ、毎年約1万5000もの人々が来場します。

芝中高の学園祭は、企画から運営まで全て生徒主体で行われています。学園祭実行委員を筆頭に、生徒たちは前年の学園祭が終わった翌月の10月から準備を進め、気持ちを込めて約1年がかりで学園祭をつくりあげてきました。

今年のテーマは「完全燃焼～芝ガチです～」。芝中高は熱い学校なのだということをアピールするために、実行委員はこのテーマに決めたそうです。

自分たちも楽しみながら来場者を楽しませる

生徒は部活動、学園祭本部、学年企画、有志の4つに分かれて出し物を行います。

校門のゲートをくぐると、校庭では技術工作部によって作られた「きかんしゃトーマス」の列車が、来場者を乗せて校庭を1周していました。子どもから大人まで約15人を乗せ、時速10kmほどで走るトーマスは、10年続く学園祭名物のひとつで、特に小学生に大人気です。

その横では焼きそばとホットドッグの模擬店に長蛇の列ができていました。学園祭本部の食品管理部による出店で、調理を担当するのは主に部活動に所属していない中1の生徒たちです。少々慣れない様子でしたが、協力し合い一生懸命調理して販売している姿が印象的でした。

校舎のなかでは、中1の企画「受験生に向けた校内見学ツアー」が行われていました。当日予約した受験生の親子を対象に、ガイド役の生徒が自ら考えたルートを自身のエピソードを盛り込みながら紹介していきます。昨年受験生だった1年生による話は、学校への親近感を受験生に与えていました。

このように、生徒全員がどれかに参加する仕組みがとられており、みんなで学園祭を盛りあげています。

また、ある教室では受験生を対象とした体験授業が行われていまし

トーマスをつくった技術工作部は展示も迫力があります。

友だちと協力して大量の焼きそばをつくります。

講堂では吹奏楽部の演奏会が
行われていました。

柔道場で行われた少林寺拳法部の
演武会には多くの人が集まっていました。

毎年恒例の落語研究会の発表。

た。この体験授業や中1による校内見学ツアーについて、入試委員の池之上正明先生は「教員が学校PRのために始めたのではなくて、生徒たちが面白そうだからやろうと言って始まったんですよ」とおっしゃっていました。このようなところに、芝中高生の自主性が表れています。

　生徒たちは、「来場者の方に来てよかったと思ってもらいたい」という想いで学園祭に取り組んでいます。

　開会式では、「お化け屋敷や縁日は混んできたら在校生は遠慮してください」というアナウンスも入ります。

　最後に、学園祭で1番の見どころを池之上先生にたずねると「生徒の顔」だと答えてくださいました。表に立つ生徒も裏方として活躍する生徒も、それぞれの表情や取り組み方こそがありのままの生徒の姿です。

　今年の学園祭が終わり、生徒たちはまた来年の学園祭に向けて日々活動していくことでしょう。みなさんも生徒のいきいきとした姿を見に、来年は芝中高の学園祭に足を運んでみてはいかがでしょうか?

School Data

芝中学校

所在地：東京都港区芝公園3-5-37
アクセス：地下鉄日比谷線「神谷町」徒歩5分、
都営三田線「御成門」徒歩7分
ＴＥＬ：03-3431-2629
ホームページ：http://www.shiba.ac.jp

美術部では、受験生のために
手づくりのお守りを配っていました。

校内見学ツアーでは、
校長室を訪れて校長先生とお話する一面も。

体験授業の様子。小学生を対象に授業をする
機会はなかなかないので先生も楽しみます。

開智の入試！

様々な傾向や難易度があり最難関併願校としても最適

今年、東大・京大・国公立医学部に現役で計19名（卒業生224名）の合格を出すなど、開智中学・高等学校は近年、大学進学実績を伸ばしています。今回は開智の特徴ある入試について紹介したいと思います。

一貫クラスと先端創造クラス

開智には、一貫クラスと先端創造クラスとがあります。第1回、第2回入試は一貫クラスの募集を行う入試で、先端A、先端B入試は主に先端創造クラスの募集を行う入試です。

一貫クラスは、既存の学びの最高峰をめざし、生きた知識や考え方を着実に積み上げ、高度な応用力を養う授業が展開されています。今までの開智の大学合格の実績は、すべてこの一貫クラスで作られました。

先端創造クラスは、今までに一貫クラスで培われたものをベースに、さらに新しい学びの創造をめざして、4年前に作られたクラスです。既存の学びに加えて、自ら学ぶ姿勢を最大限に生かせるような、学びあいや作業型学習といった先端的な授業が展開されています。

4回の入試の特徴

開智では、第1回、先端A、第2回、先端B（実施順）と、問題などの傾向や難易度の違う合計4回の入試を実施しています。それぞれの入試の特徴は次のようになっています。

・第1回入試…1月11日（金）実施

一貫クラスの募集を行う第1回入試は、都内難関上位校併願者向けの問題レベルとなっています。4回の入試の中で最も多くの合格者を出しているので、毎年多くの受験生が受験します。

・先端A入試…1月12日（土）実施

第1回入試の翌日に行われる先端A入試は先端創造クラスの募集を行うもの

■学校説明会・行事日程

	日程	時間	バス運行（東岩槻駅北口より）
学校説明会	10/20(土)	13:30～15:00 [学校見学（希望者）15:00～16:00]	往路 12:45～13:45 復路 15：00～16:10
	11/17(土)	10:00～11:30 [学校見学（希望者）11:30～12:30]	往路 9:15～10:15 復路 11:40～12:40
入試問題説明会	12/8(土)	14:00～15:30 [教育内容説明 15:30～16:10]	往路 13:00～14:15 復路 15:20～16:50

※すべての説明会、行事に予約は必要ありません。なるべく上履きをご持参ください。

■入試日程

	日程	時間	集合時間	合格発表
第１回	1/11(金)	本校	午前８時30分	試験当日 午後９時30分 （インターネット） ※掲示は試験翌日の 午前10時～午後８時
先端Ａ	1/12(土)	本校		
		さいたま新都心		
第２回	1/15(火)	本校		
先端Ｂ	1/23(水)	本校		

で、思考力や記述力を見る、質の高い問題が多く出題され、都内の御三家など、最難関校併願者向けのレベルとなっています。また、この回のみ、本校の他にさいたま新都心でも入試を行っています。なお、合格者は全員特待生となります。

・第2回入試…1月15日（火）実施

第1回入試と同じく一貫クラスの募集を行う第2回入試は、記述問題がやや少なめで、問題の難易度としては標準的なものとなっています。開智を第一志望と位置づける受験生には一番適した入試と言えます。

・先端B入試…1月23日（水）実施

先端創造クラスの募集を行う先端B入試は、都内難関上位校併願者向けの問題レベルで、第1回入試よりも、若干難易度が高めになっています。なお、最終回となる先端B入試では、他の入試にはない特徴があります。①先端創造クラスだけでなく、一貫クラスへのスライド合格判定も行います…先端創造クラスへの合格点に達しない場合でも、一貫クラスへは合格することがあります。②他の回の入試結果も参考にします…先端B入試で合格点に達していなくても、その他の回を受験し、健闘していれば、合格する可能性が広がります。

溜剛校長も「開智に合格したいという受験生は、この先端B入試をぜひ受験してください。例年繰り上げ合格者もこの入試から出しています」と言っています。

最難関併願校として最適な開智の入試

開智の入試は毎年多くの受験生が受験していますが、開智を第一志望としている受験生の他に、他校との併願者も多く受験しています。これは、開智の入試が、併願者にも様々なメリットがあるためです。そこで、次に他校との併願者にとっても受験しやすい点を紹介します。

1．入学手続きは2月9日まで

開智中学の入試では、どの回で合格した場合でも、予納金などを納入する必要はなく、2月9日が入学手続きの締め切り日となっています。この制度は他校併願の受験生にとっても、うれしいシステムです。

2．得点通知により実力をチェック

どの回の入試でも、申込み時に希望すれば、得点とおよその順位を知ることができます。これによって、受験生のその時点での学習内容の到達度や弱点を確認することができます。

3．受験料の配慮

受験料については、2万円で3回まで受験することができ、5000円プラスすることで4回すべてを受験することができます。さらに、姉妹校である開智未来中学（1月11、12日は、午後に開智中学校でも入試を実施）へ出願する場合、合計の受験料は3万円で、両校合わせて8回の入試を受けることができます。リーズナブルな受験料で、ほとんどのレベルの入試問題に触れることができます。

4．入学金が不要

開智は入学する場合でも入学金が不要です。一方、施設費に充当する入学手続き時納入金が必要ですが、これも、3月31日までに入学を辞退した場合には全額が返金されるので、併願校として経済的にも安心して受験することができます。また、初年度納入金は63万8000円と首都圏の私立中学で4番目の安さとなっています。

5．外部進学制度

入試とは直接関係はありませんが、開智には高校への外部進学制度があります。これは、中学3年次に、開成や筑波大附属、慶應、早稲田など、指定された高校を受験し、もし不合格であった場合でも開智高校中高一貫部に進学できる制度です。

様々な個性が磨かれ最難関大学へ合格

開智では、様々な個性を持った受験生が入学できるようにしたいという考えから、このように問題の傾向や難易度の違う入試を行っています。そして、入学した様々な個性は6年間かけてさらに磨かれ、東大や早慶などの最難関大学へ羽ばたいていきます。

KAICHI

開智中学・高等学校

中高一貫部（共学）

〒339-0004
さいたま市岩槻区徳力西186
TEL 048−795−0777
http://www.kaichigakuen.ed.jp/
東武野田線東岩槻駅（大宮より15分）徒歩15分

EXPERIENCE / MORALITY / KNOWLEDGE

いろんなことに興味を持とう！

そして調べてみよう！　練習しよう！　何でもやってみよう！

きっとできるよ！

穎明館中学高等学校

EIMEIKAN JUNIOR - SENIOR HIGH SCHOOL

EMK

[卒業生の進学状況]

24年度入試では卒業生150人中、
77名（51%）の生徒が
国公立・早大・慶応大に進学しました。

●学校所在地：193-0944　東京都八王子市館町2600　　TEL. 042-664-6000　FAX.042-666-1101
●アクセス：JR中央線・京王高尾線「高尾駅」南口下車ー京王バス「館ヶ丘団地」行き 約15分 ー「穎明館高校前」バス停下車
JR横浜線・京王相模原線「橋本駅」北口から本校までスクールバス運行　約25分
●HPアドレス：http://www.emk.ac.jp

世界に目を向けるきっかけがある。

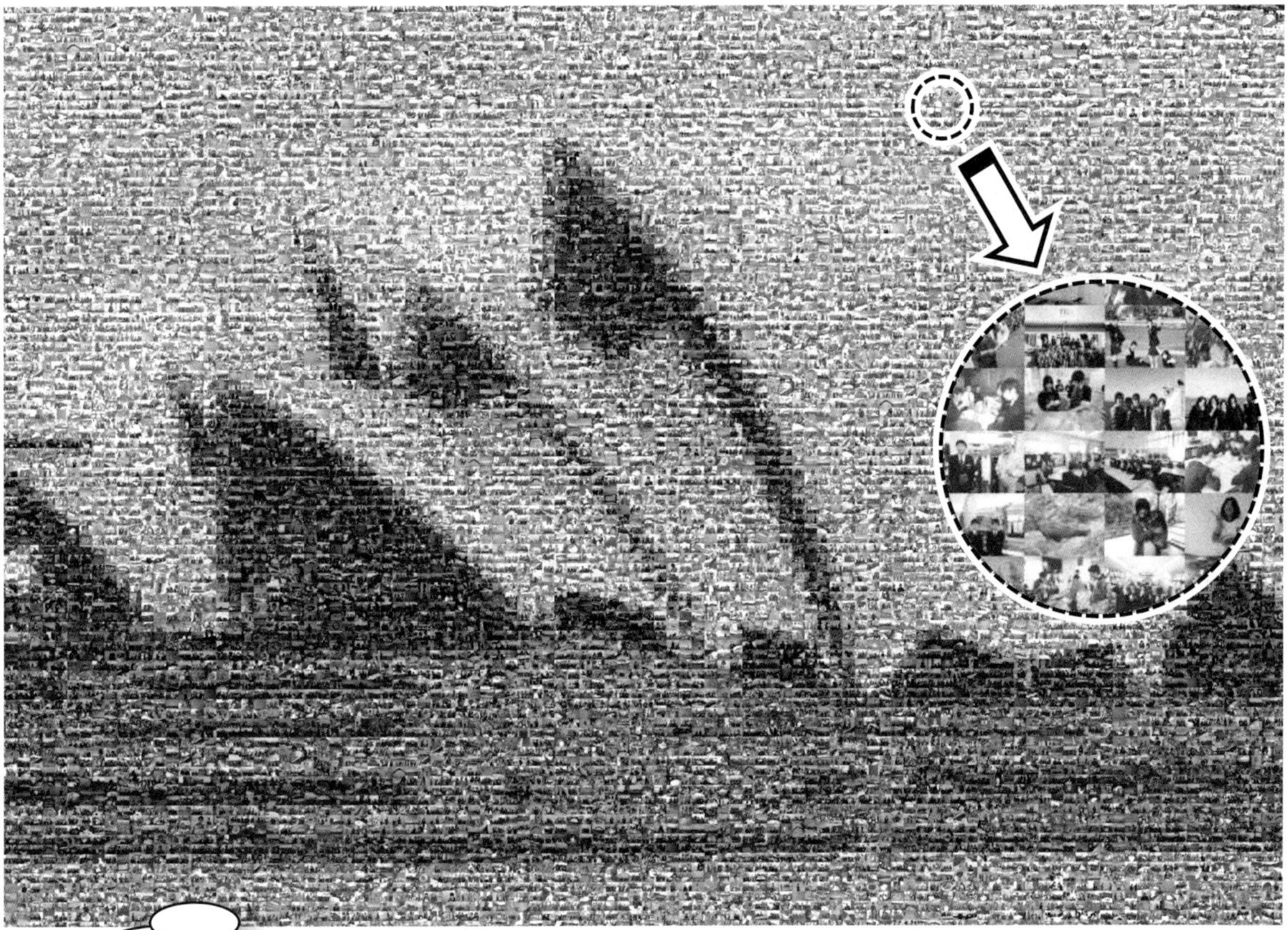

平成23年度の海外異文化体験研修のときに
撮影された写真で作った、写真アートです。
本校中学校校舎に、実物を展示してあります。
ご来校の際には、是非ご覧になっていってください。

国公立大学+難関私立大学
合格者数3.4倍増!

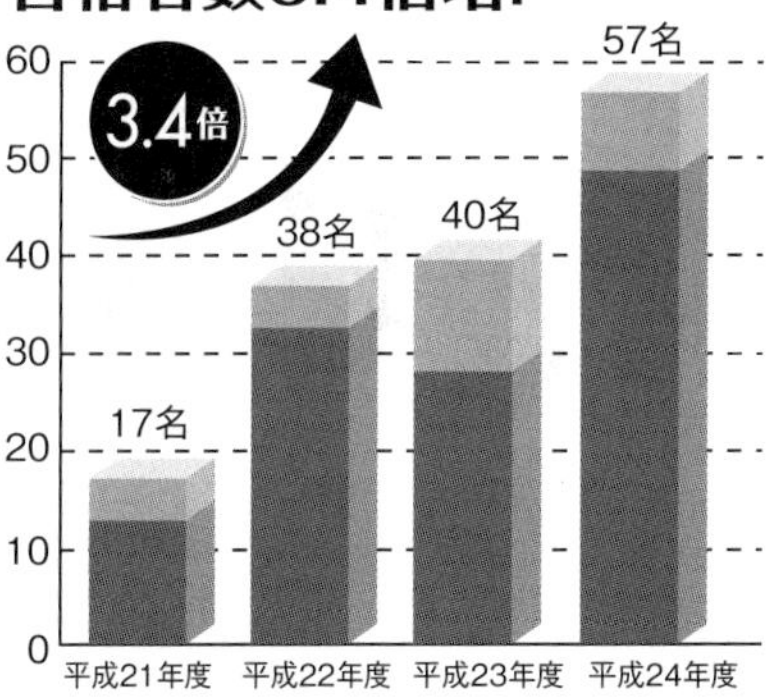

〜ぜひ一度、ご来校ください。きっと伸びる理由が見つかります。〜

学校説明会 会場:本校(予約不要)

第4回 11月 8日(木) 10:00〜
第5回 12月 1日(土) 10:00〜(入試本番模擬体験:要予約 9:00〜11:30)
第6回 1月12日(土) 14:00〜(入試直前10点アップ講座)

■学校見学は随時受付中 ■詳細はHPをご覧下さい

京王線北野、JR八王子南口、
JR・西武線拝島より

スクールバス運行中。
片道約20分
電車の遅れにも
対応します。

工学院大学附属中学校
JUNIOR HIGH SCHOOL OF KOGAKUIN UNIVERSITY
〒192-8622 東京都八王子市中野町2647-2
TEL 042-628-4914
FAX 042-623-1376
web-admin@js.kogakuin.ac.jp

八王子駅・
拝島駅より
バス

Seize the day

自立した個人への道を、一歩ずつ、確実に。

10月28日(日) 入試対策会
[9:00～11:30] 各教科からの傾向と対策

11月17日(土) 学校説明会
[10:00～11:30] 授業見学

12月16日(日) 学校説明会
[10:00～11:30] 中学スタッフ紹介

1月 6日(日) 入試直前対策会
[9:00～11:30] 各教科からの傾向と対策

1月19日(土) 学校説明会
[14:00～15:30] 直前最終説明会

■本校Web http://www.sakuragaoka.ac.jpよりお申し込みください。
■上履きは必要ありません。また車での来校はご遠慮ください。
■上記以外でも、事前にご連絡をいただければ学校見学が可能です。

桜丘中学校

〒114-8554 東京都北区滝野川1-51-12 tel : 03-3910-6161
http://www.sakuragaoka.ac.jp/
mail : info@sakuragaoka.ac.jp
@sakuragaokajshs
http://www.facebook.com/sakuragaokajshs

・JR京浜東北線・東京メトロ南北線「王子」駅下車徒歩7～8分
・「池袋」駅から都バス10分「滝野川二丁目」下車徒歩2分
・都営地下鉄三田線「西巣鴨」駅下車徒歩8分
・北区コミュニティバス「飛鳥山公園」下車徒歩5分
・都電荒川線「滝野川一丁目」駅下車徒歩2分

きみの知は、
どこまで遠く飛べるだろう。
Developing Future Leaders

★中学生だからこそ先端の研究に触れる教育を
★中学生だからこそ高い学力形成の教育を
★中学生だからこそ高い道徳心、社会貢献への強い意志を育てる教育を

【学校説明会】

11月10日(土)・12月8日(土)

10:00～　　①10:00～
　　　　　②13:30～

予約不要・スクールバス有り

平成25年度 募集要項

	試験日	募集人員	試験科目
第1回	1月10日(木)	男女65名	国・算・社・理
第2回	1月13日(日)	男女45名	国・算・社・理
第3回	1月21日(月)	男女10名	国・算・社・理

春日部共栄中学校

〒344-0037　埼玉県春日部市上大増新田213
電話048-737-7611(代)　Fax048-737-8093
春日部駅西口よりスクールバス約10分　ホームページアドレス http://www.k-kyoei.ed.jp

大人も子どもも 本からマナブ

**大変な運命を受け入れ、最後まで懸命に生き続けた
女の子の物語を今回、「子ども向け」欄でご紹介します。
これを読んで、小学生のみなさんにも、
「生命」の大切さについて考えてほしいと思います。**

BOOKS COLLECTION 29

生命の大切さを知り 力強く生きた姿に学ぶ

子ども向け

1リットルの涙

木藤 亜也 著
幻冬舎文庫
533円+税

著者の女の子は、脳のなかの神経細胞が少しずつ減っていってしまい、ついには細胞が消えてしまうという難病にかかり、身体が動きにくくなっていきます。歩くことが困難になり、最後には話すこともできなくなってしまいます。現代の医学でも、なかなか効果的な治療法はありません。

そんな絶望的な生活のなか、お母さんの勧めにより、日記をつけるようになりました。書き始めたのは14歳の時です。

将来どうなってしまうのかと不安にかられながらも中学校を卒業し、希望を持って高校に進んだのですが、病状は悪化の一途をたどります。

それでも、周囲の人たちへの深い思いやりと感謝の念をもって力強く生き抜いた様子が日記には書かれています。

本当に残念なことに、著者は、25歳という若さでこの世を去りました。

しかし、「たとえどんな小さく弱い力でも私はだれかの役にたちたい」と考えて一生懸命に生きた姿は、美しく尊いものです。生命の重みを考え、生きることの意味を私たちに教えてくれる1冊です。

桜美林中学校

可能性∞無限大

国公立21名合格!!
止まらぬ勢い!

国公立合格校　東京大学 1
東京工業大学 1、一橋大学 1、東京外語大学 1、東京学芸大学 1、首都大学東京 3、横浜国立大学 3、横浜市立大学 1　など

3年前との比較

■ 早稲田・慶應・上智・東京理科大学 合格実績

2009年 34名 → 2011年 39名 → 2012年 49名

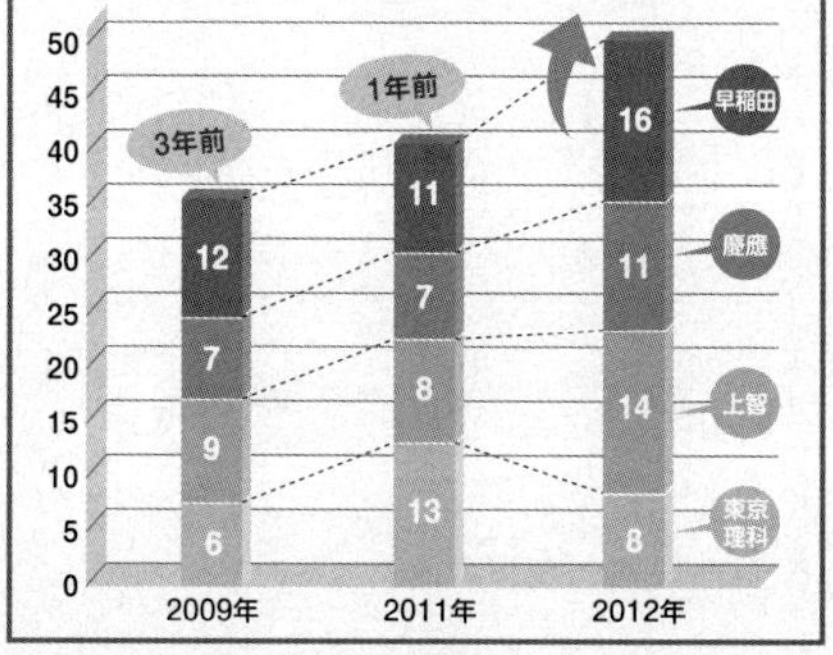

■ GMARCH 合格実績

2009年 115名 → 2011年 159名 → 2012年 201名

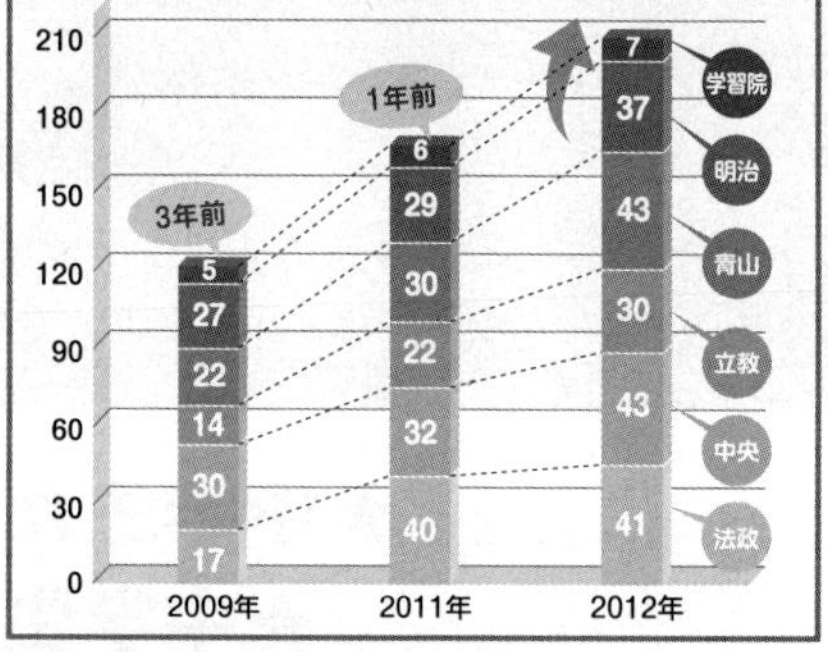

2013年度入試 学校説明会
11月17日(土)14：00～
12月15日(土)10：00～ 入試説明会

ナイト説明会(要予約)
11月 2日(金)19：00～
淵野辺駅前キャンパスにて

2013年度 入試要項

	第1回		第2回		第3回
試験日	2/1(金)		2/2(土)		2/3(日)
	午前	午後	午前	午後	午前
募集人数	男女30名	男女50名	男女20名	男女40名	男女20名
試験科目	4科／2科	2科	4科／2科	2科	4科

＊合格発表は当日になります。

〒194-0294　http://www.obirin.ed.jp
東京都町田市常盤町3758　TEL.042-797-2668
JR横浜線「淵野辺駅」下車徒歩20分、スクールバス5分(5～10分間隔で随時運行)、駅前に専用ターミナル有
入学後6年間スクールバス無料!

新聞に親しむことで読解力と表現力を養っていく

大人向け

天声人語 書き写しノート

朝日新聞社
200円＋税

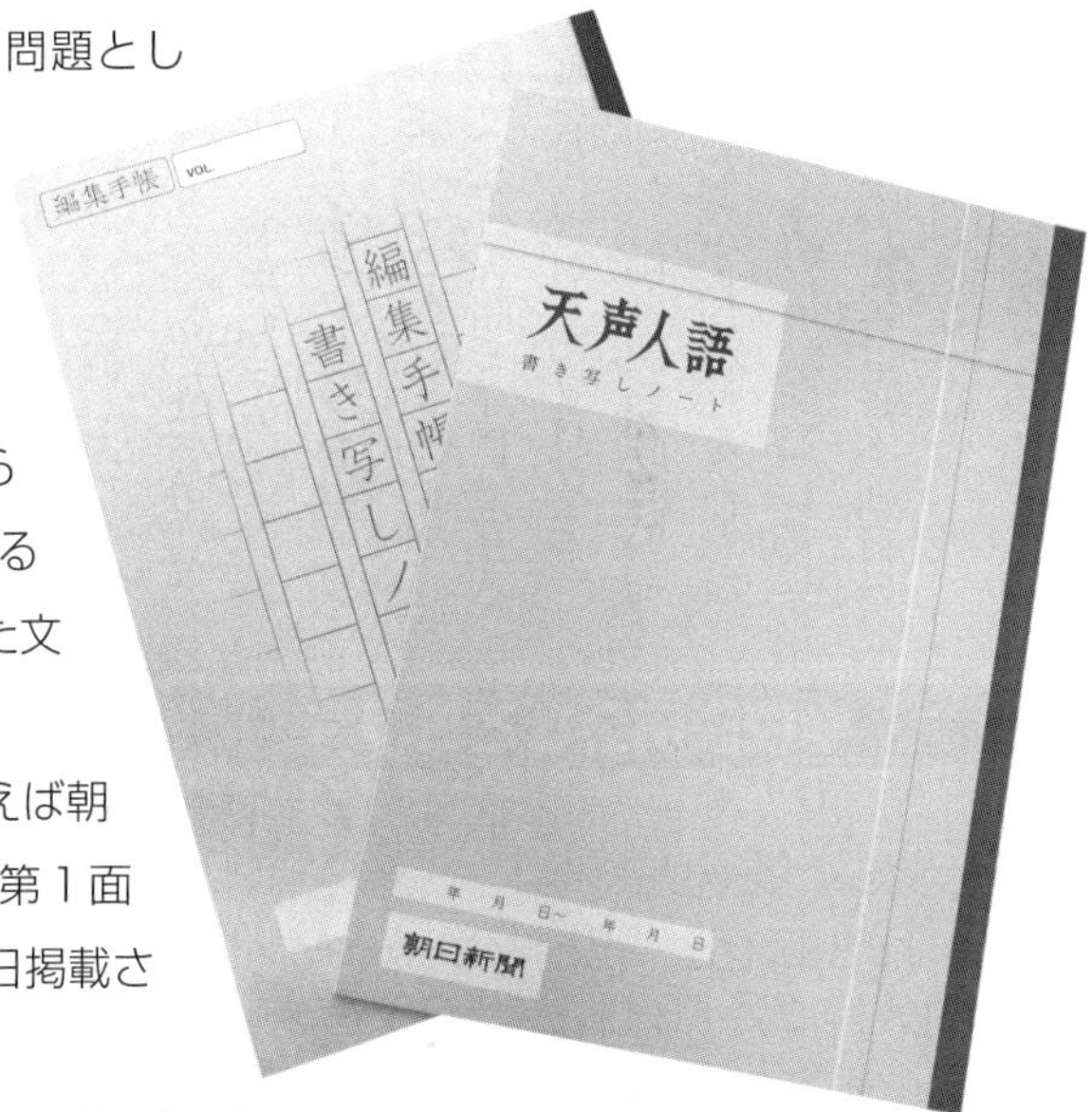

入学試験においては問題としてあたえられる文章が、新聞のコラム欄から出題されることがあります。社会の出来事を的確にとらえ、かつ読み応えのある内容を意識して書かれた文章であるからでしょう。

新聞のコラムは、例えば朝日新聞であれば朝刊の第１面下に『天声人語』が毎日掲載されています。

以前から、国語力をつける方法として、新聞のコラムを要約する学習法が有効であるといわれてきました。コラムを400字程度にまとめることができれば、かなりの読解力や表現力を培うことができるでしょう。

しかし、内容を読み取り、それを要約するという作業は、小学生にはまだ難しすぎるかもしれません。やってみると分かりますが、大人でもコラムを要約することは、なかなか大変です。

そこで生まれたのが、この『書き写しノート』です。一線級の新聞記者が練りあげ、精魂込めて書かれたコラムを書き写すことにより、言葉のつながりや適切な用法が自然に身についていくはずです。

ノートはＢ５版で、見開きで使用し、大きめのマス目があるので小学生にも書きやすい構成です。右ページ上部にコラムを切り抜いて貼り、それを見ながら書き写すことができます。左ページ上にはメモを書くスペースも用意されています。

ちなみに、読売新聞社からは、ほぼ同じ形状の『編集手帳書き写しノート』（180円＋税）が発売されています。

New generation!

「伝統」と「革新」

7時限目プロジェクト継続中

高校3年生と高校2年生（後期）対象に難関大学受験クラス開設（7時限目相当）
国公立・早慶上理レベルに対応

2012年大学合格実績	
早稲田大	14名
慶應義塾大	8名
上智大	21名
東京理科大	15名
国公立大	22名
GMARCH	185名

2012イベントのご案内

入試説明会
11/10(土)10:30～12:30
12/ 1(土)10:30～12:30

体験授業
11/17(土)14:00～16:00　要HP予約

個別相談・個別見学
12/20までの月～土随時　要予約

※詳しくはホームページをご覧ください。
http://www.atomi.ac.jp

跡見学園
中学校高等学校

〒112-8629
東京都文京区大塚1-5-9
Tel：03-3941-8167（代）
入試広報室：03-3941-9548
アクセス：東京メトロ丸の内線「茗荷谷」駅
下車徒歩2分

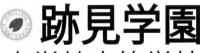

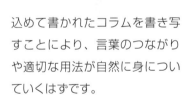

共栄学園 中学高等学校 一貫コース

共栄学園中学高等学校は、「知・徳・体」の調和がとれた全人的な人間育成を目標とする男女共学中高６ヶ年一貫コースを擁する進学校です。京成本線お花茶屋駅徒歩３分という交通至便な立地で、日暮里・北千住などのターミナル駅にほど近い、東京・埼玉・千葉を通学圏とする都市型学園です。今年、創立75周年を迎え、中高一貫男女共学進学校として広く認知され、進学実績も急上昇し、活力あふれる進学校として邁進しています。「特進クラス」「進学クラス」のコース別募集を行い、特進クラスの入試では、「特待・特進入試」を実施。学力に応じて入学手続き時納入金と最大６年間の授業料・施設維持費のおよそ300万円が免除される、スーパー６ヶ年学力特待生制度を実施します。

文武不岐をモットーに躍進する活力あふれる進学校

多彩なプログラムで 生徒を細やかにサポート

２００４年に竣工した最先端の校舎を有効に使って学習を進める共栄学園。そこには、学力を高めるための様々な仕掛けが用意されています。

冷暖房完備で無線ＬＡＮとスクリーンが設置されている明るい普通教室では、英語・数学の習熟度別編成授業や、オリジナルテキストやプリント、パソコンや映像教材を多用した、わかりやすさを第一に考えた授業が行われています。たとえば数学は、検定教科書ではなく、「システム数学」シリーズを使用して、無理無駄のない先取り学習を行っています。

また、授業以外にも、生徒一人ひとりを細やかにサポートする、次のような様々なプログラムが用意されています。

①【共栄・サマー・イングリッシュ・プログラム（Ｋ－Ｓｅｐ）】

これは、日本文化を英語で発信できるようになることを目標にしたプログラム。生徒は5名の外国人講師と関わり合いながら、4日間にわたって行われる様々なオールイングリッシュの活動を通して英語に慣れ親しみ、最終日には日本独自の文化を英語でプレゼンします。

②【セルフスタディー・プログラム】

これは、「自分に合った勉強方法」を見つけるために、数種類の勉強方法を紹介するプログラム。まずは自分なりの方法で勉強して小テストを実施します。そのあとで、他の勉強方法を紹介して実践し、また小テストを実施。これを何回か体験し、「自分に合った勉強方法」を見つけ、自立した人間形成も目指します。

③【サテネット講座】

高1から大手予備校の衛星放送授業を受講できます。校内で自由な時間に受講できるため、予備校へ通う時間が省け、部活動などとの両立も可能です。

④【海外研修】

希望者を対象に、夏休みに約20日間、英国にある語学学校で各国から集まった生徒たちと英語全般を学びます。滞在中は、ホームステイ、ロンドン市内などの見学を通じて英国の文化や生活を体験し、国際人としての素地を育みます。

この他、勉強合宿（高１・高２）や、ＴＵＫ（東大うかろう会）というサークルでは、学校にある合宿施設（合宿所・風呂・シャワー室）を利用して、週末や長期休暇中に集中して学習を深めています。また、現役東大生を講師とする個別受験指導（高３希望者から選抜）の「共栄&緑鉄」プロジェクトなどもあり、「もっと学びたい」という意欲のある生徒に応えられる場も用意されています。

また、放課後に進路指導室や学習室に来校してもらっている卒業生チューターによる、「卒業生チューターミニ講演会」も開催。大学在学生だからわかる、貴重な情報や裏話を語ってもらっています。

特進クラス&進学クラス

共栄学園中学校の入試では特進クラスと進学クラスの2コースで募集が行われます。

中学3年次までは、授業進度は揃えながら「特進クラス」では発展的な問題の研究を積極的に取り入れ、「進学クラス」では基礎学力の徹底理解を主眼に授業を進めます。「特進クラス」では、「長期休暇中の特訓講習」（進学クラスも希望者は

学校説明会など日程

※予約不要、上履き不要

■受験対策講習会

11月3日(土・祝)　9:30～
2013年1月13日(日)9:30～

■学力特待制度説明会

11月25日(日)9:30～
12月16日(日)9:30～

■学校見学会

10月6日(土)～12月16日(日)
期間中の土・日・祝 10:00～15:00
14:30までにご来校下さい

活力あふれる進学校だから東京大学合格！

【6ヶ年一貫教育の流れ】

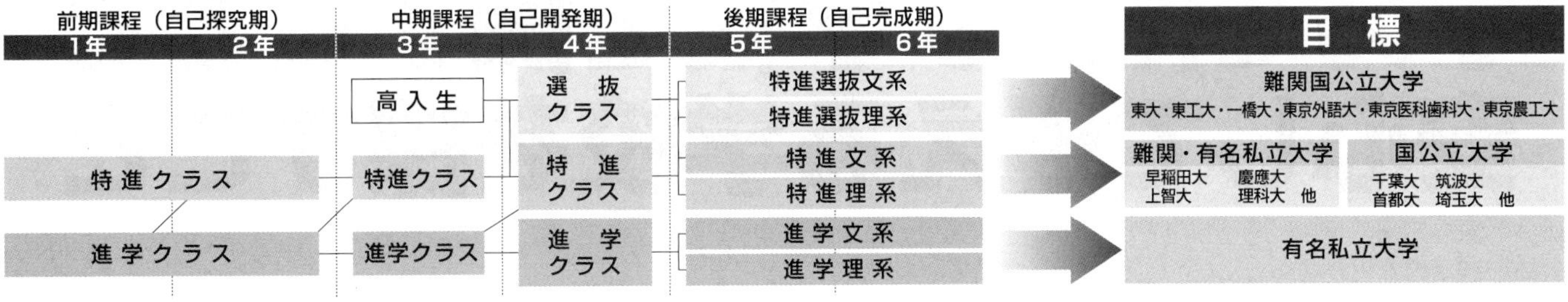

参加可能）「勉強合宿」（高1・高2）などを行い、より高い目標を目指します。

2年・3年・高校課程進級時に、本人の希望と学力適性により、「進学クラス」から「特進クラス」にステップアップすることもできます。

6年後に目指すは、3ランクUPの進路実現

入学時の学力を6年間かけて、「3ランク」上の大学への現役合格を目標に、教科指導、進路指導を行います。大学入試に必要な教科の授業数を多く確保し、無理なく単位を修得し、高3では、入試科目を中心にした授業を展開し、3ランクUPの大学合格を可能にしているのです。

本年度も、千葉大学、早稲田大学、慶應義塾大学、東京理科大学、学習院大学、明治大学、立教大学、法政大学、中央大学などの難関大学へ現役合格し、87％の大学進学率をあげています。

こうした優れた進学教育を行う共栄学園では、東京大学合格者も輩出。着実に進学実績を伸ばし続けています。

25年度入試、大きく変更

チャレンジし続ける共栄学園中高では、〝受験生のために〟を合い言葉に、来年度の入試を大きく変更します。

①［第4回入試が2月3日に］

「とにかく早い時期に合格を」という受験生や保護者の熱い声に応えた変更です。

②［受験料2万円で自由な受験が可能に］

2万円の受験料で、何回でも自由に受験が可能です。2回目は別の出願をする必要もなく、願書の記入も各回の欄に○をつけるだけ。○を付けた回の受験を欠席しても不利になることはありません。

③［試験開始の30分前まで出願受付］

急きょ受験をすることになるケースが珍しくない中学受験。すべての受験で、試験開始の30分前まで出願が可能です（写真、受験料、通知表のコピーが必要です）。

④［手続きは、6日に限り15時に間に合わない場合も想定］

入学手続きは、最終の6日に限り、締切時間の15時に来校することが難しい場合は、15時までに電話をいただき、当日中であれば臨機応変に対応することになりました。

〝受験生のために〟、共栄学園のそんな姿が現れた、大きな入試の変更だといってよいでしょう。

スーパー6ヶ年学力特待生制度

共栄学園中学校は、「特待・特進入試」を実施し、学力に応じて最高6年間の学力特待生の認定を行います。6年間の特待制度を導入している学校はまだ数校です。6年間という長い間には、様々な変化が起こることが想定できます。しかし、共栄学園は、このスーパー6ヶ年学力特待制度を中心に真の6ヶ年教育をしていきたいと考えています。ハード面、ソフト面ともに充実し、また前述のように6ヶ年一貫コースの教育体制が着実に実を結んできている「自信」と「覚悟」の形といえます。

進化し続ける共栄学園中高6ヶ年一貫コースに注目して下さい。

平成25年度入試日程

試験名	第1回	第2回 特待・特進入試	第3回	第4回
入試日程	2月1日（金） AM 9:00〜	PM 3:00〜	2月2日（土） AM 9:00〜	2月3日（日） AM 9:00〜
募集人員	特進：男女25名 進学：男女45名	特進：男女20名	特進：男女10名 進学：男女10名	特進：男女5名 進学：男女5名
入試科目	2科・面接	4科・面接	2科または4科・面接	2科・面接
窓口出願	試験開始の30分前まで受け付けます。			
受験料	受験料2万円で自由な受験が可能です。			

※特進クラスから進学クラスへのスライド合格があります。
※「特待・特進入試」において成績上位者から、最高6年間の特待生に認定します。
また、第1回・第3回入試では、入学特待・1ヶ年特待を認定します。
※2科（国語・算数）、4科（国語・算数・理科・社会）

共栄学園
中学高等学校

京成本線「お花茶屋駅」徒歩3分
東京メトロ千代田線・JR常磐線「亀有駅」よりバス10分「共栄学園」下車徒歩1分

〒124-0003 東京都葛飾区お花茶屋2-6-1
TEL 03（3601）7136
0120-713601
URL：http://www.kyoei-g.ed.jp

学力を伸ばす学校を探すことと安心して通える学校を探すこと

秋の学校説明会が始まり各校の取り組みが見えてきた

先日、知人が某校の「秋の第1回説明会」から帰ってきて言うには、学校についてはよく分かったが、安全・安心策だとか、国際人養成のプログラムの詳細説明が欲しかった、と感想をもらしていました。

私どもの事務所あたりでは、飯田橋から四谷に抜ける活断層が新たに見つかった、との報道が先日あったのですが、近隣の三輪田学園では、学校を中心とした地図に、公衆電話の場所を記した避難マップなど一式が入った携帯グッズを生徒に配付し身に着けさせている、と聞きました。

災害時には公衆電話が力を発揮しますが、確かに公衆電話は最近見つかりませんね。

また、首都圏のなかでは海外大学進学で一歩リードしている渋谷教育学園幕張の、9月16日に公開された来年度受験用パンフレットに、「国際人としての資質を養う」と銘打った2ページが加わっていました。新たに書きおこしたもののようです。

そこには、なるほどあれだけの海外大学実績が出るはずだ、と思われる学内行事が公開されていて納得させられます。

つまり保護者の気にかかっていること、心配していることを説明会のなかに上手に織りこんでいけば、より学校の評判は高まりそうです。

そうはいっても、肝心の学力が伸びないのでは学校を選んだ意味がありませんから、その両方が欲しいところですね。

学力の伸びをしめす一例として相関グラフを作成できた

さて、この「学力を伸ばしてくれる」という学校はどうやったら分かるでしょうか。

実は、私どもの研究所で今回データを整理して、かなり細かい資料をつくってみました。つくるのは大変でしたが考え方はシンプルで、要は中学入学時の偏差値と、もう一方は大学合格の難関度別（すなわち東大、京大、東工大、一橋大、早慶上智、G－MARCH）に合格者の卒業生比率をとったものです。そして個々の学校を相関グラフにおとしたところ、〈正〉の相関をしめすグラフができました。つまり、見事に中学入試の成績別に大学実績も相応したものになっていた、というわけです。

ただ、そこはやはりただまっすぐ

学校説明会等（予約不要）

〈学校説明会〉
11月24日（土）5年生以下　14:00～
6年生　15:30～

※説明会当日は新校舎見学もできます。
詳細は本校ホームページをご覧ください。

八重桜祭

11月 3日（土）／ 11月 4日（日）
「入試等に関する質問コーナー」開催
13:00～15:00

学習院女子中等科

〒162－8656　新宿区戸山3－20－1
03－3203－1901　http://www.gakushuin.ac.jp/girl/

地下鉄副都心線「西早稲田」駅徒歩3分　地下鉄東西線「早稲田」駅徒歩10分　JR山手線・西武新宿線「高田馬場」駅徒歩20分

UENOGAKUEN

普通コース 学校説明会(要予約)

11月17日(土)10:00〜12:00
12月 8 日(土)10:00〜12:00

普通コース 入試体験(要予約)

1月12日(土)13:30〜16:00

※上野学園中学校では公立中高一貫型対応の入試を実施しています。

音楽コース 学校説明会(要予約)

11月11日(日)10:00〜

普通コース 2013年度入試要項

2/1(金)A日程	午前	2科・面接／4科・面接
2/1(金)B日程	午後	2科・面接／4科・面接
2/1(金)S日程	午後	(公立中高一貫校受験対応) 適性検査・面接
2/2(土)C日程	午後	2科・面接／4科・面接
2/6(水)D日程	午前	2科・面接／4科・面接

※合格発表(A、B、C、D日程)は試験当日。S日程は試験翌日。
※上野学園中学校では公立中高一貫型対応の入試を実施しています。

●音楽コース 入試要項

2/1 (金)1回 A 午前 国語・音楽・面接
2/10(日)2回 B 午前 国語・音楽・面接

上野学園
中 学 校

〒110-8642
東京都台東区東上野4−24−12
TEL.(03)3847-2201
http://www.uenogakuen.ed.jp

中学受験WATCHING

NAVIGATOR

森上 展安

もりがみ・のぶやす
森上教育研究所所長。
受験をキーワードに幅広く教育問題をあつかう。
保護者と受験のかかわりをサポートすべく「親のスキル研究会」主宰。
近著に『入りやすくてお得な学校』『中学受験図鑑』などがある。

な相関ではなくて少し尻上がりのカーブになっていました。つまり、高い実績校ほど高偏差値のところに多くなる、ということですね。それはやむをえないことかもしれませんが冷厳な事実ではあります。

一方でこの相関曲線の上段もしくは左側にあって、例えば、東大、京大、東工大、一橋大の合格実績20％以上をあげている標準的な入学時の偏差値は67くらいです。これを63くらいの偏差値の学校が同じ実績を出していたりします。つまりその学校は東大等の実績について標準的な実績より4ポイントよく出しているといえますね。

そういうやり方で標準よりよい実績を出している学校は、すなわち入学時より、より学力を伸ばした学校と言えるのではないでしょうか。

面白いのは、このグラフを出すのに系列大学を持つ、いわゆる附属校について、系列大に進学しなかった在校生を分母に他大学合格者の比率をとった点です。それによって全体のカーブがとてもきれいになりました。具体的な学校名は当研究所のWEB「読む進学.com」に掲載しておきましたから興味のある方はご覧ください。申し訳ありませんが、ワンコイン（500円）かかります。

ただし、これらはいつもながら国内の大学入試序列です。

例えば国際人材への門戸と言われた海外大学の入学要件のなかには学業のほかに「クラブや社会への貢献」とか「先生の推薦状」などの項目が入っていますし、エッセイの筆力も必要です。IB（国際バカロレア）のDP（ディプロマ・プログラム）資格（世界の大学の入学要覧）となると7項目の資質の評価があります。かなり日本の入試と比べるとトータルな力を求めています。

近年、大学実績が伸びると人気が伸長する傾向がありますが、前述の「学力を伸ばしてくれる学校」は案外にそうだとはいえず、むしろおだやかな入試状況のところもあります。ともあれ、学校選択の軸のひとつとして活用してください。

グローバルな探究力を育て、東大など最難関国立大を目指す

先進コース新設 平成25年度

創造的学びを育む

新中学棟

平成25年8月完成予定

9階建新校舎を安田庭園より望む

平成26年度より
新中学棟での
共学化を準備中

先進コース全員が入学金・施設設備費・6年間 授業料全額免除

● **先進特待入試**（先進コース男子20名）
2/1 午後 4科または公立一貫校型　2/2･3 午後 4科

● **一般入試**（総合コース男子130名）
2/1･2･4･6 午前 2科または4科

安田学園中学校

〒130-8615　東京都墨田区横網 2-2-25
03-3624-2666　入試広報室直通▶0120-501-528
● JR 両国駅西口徒歩 6 分
● 都営地下鉄大江戸線両国駅 A1 口徒歩 3 分

学校説明会

10/20（土）　14:30　クラブ体験あり（要予約）
11/10（土）　14:30
11/25（日）　9:00　入試体験あり（要予約）

安田祭

10/27（土）･28（日）　10:00～15:00　入試相談会あり

SHOHEI

●学校説明会 10:00〜

11月14日(水) <埼玉県民の日>

11月30日(金) 授業見学可能日

12月15日(土)

手をかけ　鍛えて　送り出す

●2013年度入試日程

一般入試

第1回 第2回 1月10日(木) 午前 午後 40名

第4回 1月19日(土) 10名

試験会場:本校・大宮ソニックシティ・新越谷サンシティ・アクシス春日部

第3回 1月13日(日) 15名

第5回 2月 5 日(火) 5名

SS入試[昌平スカラシップ(奨学生)入試]

1月16日(水) 5名 試験会場:大宮ソニックシティ

帰国子女入試

12月22日(土) 5名

平成24年 東京大学(理Ⅰ)現役合格　早稲田大学過去最多12名合格

過去3年間　主な大学合格者数

	平成24年		平成23年		平成22年	
国公立	東京大(1)	東京工業大(1)	筑波大(1)	横浜国立大(1)	東京大(1)	東京工業大(1)
	筑波大(2)	千葉大(1)	東京学芸大(3)	埼玉大(4)	筑波大(1)	千葉大(3)
	埼玉大(4)	群馬大(2)	茨城大(1)	宇都宮大(1)	埼玉大(1)	宇都宮大(3)
私立	早稲田大(12)	慶應義塾大(2)	早稲田大(2)	慶應義塾大(1)	早稲田大(4)	慶應義塾大(3)
	上智大(2)	東京理科大(12)	上智大(1)	東京理科大(15)	上智大(3)	東京理科大(7)
	学習院大(6)	明治大(13)	国際基督教大(1)	学習院大(5)	学習院大(3)	明治大(13)
	青山学院大(5)	立教大(12)	明治大(7)	青山学院大(2)	青山学院大(1)	立教大(7)
	中央大(11)	法政大(17)	立教大(7)　中央大(6)	法政大(19)	中央大(6)	法政大(9)

昌平中学校の特色

Special Wednesday
スペシャル・ウェンズディ
「百聞は一見に如かず」
体験を通して学ぶプログラム

毎月1回、水曜日をスペシャル・ウェンズディとし、多彩な体験学習を実施します。机上の学習では得られない体験を通して感動を与えるとともに、「調べる」「まとめる」「発表する」「考察する」といった学問の基本となる姿勢を身につけます。

大学教授によるプロジェクト学習

狙い　生徒主体のプロジェクトに基づく学習を通じて、生徒を動機づけ自信を持たせ、自立した学習者にする。

期待される効果
- ■ 対人コミュニケーション能力の向上
- ■ 判断能力の向上
- ■ プレゼンテーション能力の向上
- ■ キャリア意識の醸成
- ■ 問題解決能力の向上

Power English Project
パワー・イングリッシュ・プロジェクト
全校生徒が
英語に強くなる

国際化の進む現代社会において、語学の習得は不可欠です。そこで本校では、世界に通用する英語力と国際感覚を養い、「英語の勉強は大学に合格するためだけでなく、世界へ羽ばたくために必要であること」を生徒に実感させています。それが本校の全教員が取り組んでいる英語力強化計画「パワー・イングリッシュ・プロジェクト」です。

- ■ 英検全員受験
- ■ 英語の授業時間の充実
- ■「日本語禁止部屋(インターナショナル・アリーナ)」の設置
- ■ 校内英語スピーチコンテストの開催
- ■ 姉妹校スコッツ・スクール(オーストラリア)との交流

SHOHEI
昌平中学・高等学校

〒345-0044 埼玉県北葛飾郡杉戸町下野851 TEL:0480-34-3381 FAX:0480-34-9854

http://www.shohei.sugito.saitama.jp

JR宇都宮線・東武伊勢崎線 久喜駅下車
直通バス 10分 又は 自転車 15分

東武日光線 杉戸高野台駅下車
直通バス 5分 又は 徒歩 15分

東武伊勢崎線 和戸駅下車
自転車　8分

主要駅から本校の最寄駅までの所要時間
●大宮駅から久喜駅まで20分　●春日部駅から杉戸高野台駅まで　9分
●赤羽駅から久喜駅まで36分　●北千住駅から杉戸高野台駅まで 40分

昭和学院
秀英中学校／秀英高等学校

着々と、秀英で。

■平成25年度入試要項（概要）

		第１回（第一志望）	第２回（一般）	第３回（一般）
募集定員		40名	100名	約20名
入試日		12/1（土）	1/22（火）	2/4（月）
出願	窓口	11/19（月）～21（水）	1/11（金）・12（土）	1/23（水）～2/3（日）
	郵送		12/17（月）～1/4（金）必着	
試験科目		国語（50分）　理科（40分）　社会（40分）　算数（50分）		

showa gakuin
Shuei

〒261-0014　千葉市美浜区若葉1丁目2番　TEL:043-272-2481　FAX:043-272-4732

「知性と感性」を兼ね備えた、自立心のある個性が育つ

「知性」が「感性」を支えるという考えは変わらず、中高ともに美術と学習の両面を重視する教育を実践してきました。

本校の進路実績では、毎年約9割が美術系に進路をとりますが、これは生徒自らが進路を選んだ結果です。

美術系以外の大学に進む者も例年ありますが、この生徒たちと美術系に進む生徒たちに差はありません。

皆「絵を描くことが好き」というところからスタートしたのです。

それは勉強にも生かされます。物を観て感性がとらえ、集中して描くことは、勉強に興味を持ってそれを学問として深めていく過程と同じなのです。

そして絵を描くことで常に自分と向き合う時間を過ごし、創造の喜びと厳しさも知ることで絵と共に成長するのです。

それが永年の進路実績に表れています。

■平成24年度　受験生対象行事

11月17日(土)	公開授業	8:35～12:40
11月24日(土)	公開授業	8:35～12:40
	学校説明会	14:00～
12月8日(土)	ミニ学校説明会	14:00～
1月12日(土)	ミニ学校説明会	14:00～

■高等学校卒業制作展

3月1日(金)～3月8日(金)
10:00～17:00　東京都美術館

●本校へのご質問やご見学を希望される方には、随時対応させて頂いております。
お気軽にお問い合わせください。

■平成25年度募集要項(抜粋)

	第1回	第2回
募集人員	女子110名	女子25名
考査日	2月1日(金)	2月3日(日)
試験科目	2科4科選択 国・算　各100点 社・理　各　50点 面接(約3分)	2科 国・算　各100点 面接(約3分)
願書受付	1/21(月)～30(水)　郵送必着 ※持参の場合のみ 1/31(木)12：00まで受付可	1/21(月)～30(水)　郵送必着 ※持参の場合のみ 2/2(土)12：00まで受付可
合格発表	2月1日(金) 19：00～20：00頃	2月3日(日) 17:00～18:00頃
	校内掲示・HP・携帯サイト	

女子美術大学付属高等学校・中学校

〒166-8538　東京都杉並区和田1-49-8　TEL 03 - 5340 - 4541　URL http://www.joshibi.ac.jp/fuzoku/

NEWS2012

東京駅復元

国の重要文化財にも指定されているＪＲ東京駅丸の内駅舎が、10月１日、５年半の歳月をかけて、1914年（大正３年）の創建当時のままに復元されました。

日本の鉄道は1872年（明治５年）に新橋—横浜間で開業したのが始まりです。その後、新橋と上野を結ぶ市街線が建設され、その中間に位置する皇居の正面に中央駅を建設する計画が持ちあがりました。当時の日本を代表する建築家の辰野金吾が設計し、1908年（明治41年）に建設が始まりました。辰野の設計は駅舎全体を西洋風のひとつの建物とし、赤煉瓦、大理石を駆使したもので、正面から見て左右に巨大なふたつのドームを持つのが特徴でした。

復元された東京駅丸の内駅舎（正面玄関・2012年10月６日）

完成は1914年（大正３年）12月、のべ床面積約2万3900㎡、正面から見た左右の長さ約335m、煉瓦積み鉄骨造り３階建ての駅舎が姿を現しました。左右の八角形のドームはルネサンス様式で、駅は日本を代表する建築物となりました。当初、「中央駅」とする案も出されましたが、「東京駅」で落ち着き、以後、東海道線の起点となります。

翌年、駅舎内には東京ステーションホテルがオープン、連日満員となるなど、東京の顔として市民に愛されました。

1923年（大正12年）の関東大震災において大きな被害はなかったものの、第二次世界大戦の東京大空襲では甚大な被害を受けました。1945年（昭和20年）５月の空襲で、ドームふたつと駅舎の３階部分が焼失してしまったのです。列車の運行はそのまま続けられ、1947年（昭和22年）に２階建ての駅舎として再建されました。当時、開業時の姿に復元すべきという意見もありましたが、財政上の理由で見送られました。

1964年（昭和39年）には東海道新幹線が開業し、その後、各新幹線が東京駅発着となり、東京駅の重要性はますます高くなりました。

こうしたこともあって、未来に残すべき歴史的建造物を復元、保存する方針が打ち出され、失われていた３階部分とふたつのドームを復元する計画が持ちあがりました。そして、2007年（平成19年）に復元工事が始まりました。その作業がようやく終わり、東京駅が開業当時の姿で復元したのです。休止していた東京ステーションホテルも６年ぶりに営業を再開しました。ＪＲ東日本が復元に要した金額はざっと500億円。復元されたドームには様々な彫刻がほどこされています。

みなさんも一度、復元された東京駅を訪ねて、大きなドームを見あげてみてはいかがですか。

メディアセンターとアトリウム

● 恵泉デー（文化祭）
11/3（土・祝）9:00〜16:00

● 入試説明会
第1回　11/23（金・祝）［要予約］
10:30〜12:00 / 14:00〜15:30　受験生（6年生）同伴可
第2回　12/13（木）
10:00〜11:30　保護者対象

詳しくは本校にお問い合わせください。

2013年度　募集要項

	第1回	第2回	第3回
選考日	2月1日(金)	2月2日(土)	2月4日(月)
募集人員	80名	70名	30名
選考内容	4科（国語、算数、社会・理科）面接（保護者同伴）		

恵泉女学園中学・高等学校
〒156-0055　東京都世田谷区船橋5−8−1
TEL.03-3303-2115　http://www.keisen.jp/

中央大学横浜山手中学校・高等学校

2013年4月港北ニュータウンに移転し、
新校名のもと、教育環境及び教育内容の
充実をすすめてまいります。

新校名　中央大学附属横浜中学校・高等学校

学校説明会

	女子児童	男子児童	開催場所
11/ 3(土)	9:30～	11:30～	本校体育館
12/16(日)	9:30～	11:30～	本校体育館

授業公開日

11/21(水) 8:45～12:15（上履きをご持参ください）

2013年度 募集要項

	第1回	第2回	第3回
募集人数	70名	70名	20名
入試日時	2/1(金) 午前	2/2(土) 午後	2/3(日) 午後
試験科目	4教科(国・算・社・理)		
合格発表	2/2(土)	2/3(日)	2/4(月)

横浜市中区山手町27 TEL. 045-641-0061
► http://www.yokohama-js.chuo-u.ac.jp

入試問題ならこう出題される

入試によく出る時事ワード

基本問題

2012年10月１日、国の重要文化財に指定されているＪＲの［①　　　］駅丸の内駅舎が、５年半の歳月をかけて、創建された1914（大正３）年当時のままに復元されました。

日本の鉄道は［②　　　］年に［③　　　］―［④　　　］間で開業したのが始まりです。

東京駅を設計した建築家の［⑤　　　］は、そのほかにも日本銀行本店や大阪市中央公会堂などを設計した、日本を代表する建築家です。

東京駅は、1923（大正12）年の［⑥　　　］では大きな被害はなかったものの、1945（昭和20）年［⑦　　　］世界大戦の空襲で、ドームふたつと駅舎の３階部分が焼失してしまいました。

発展問題

東京駅は、どんな役割を果たしていますか。あなたの考えを150字以内で書きなさい。

基本問題　解答

①東京　②1872、または明治５　③新橋（または横浜）④横浜（または新橋）　⑤辰野金吾　⑥関東大震災　⑦第二次

発展問題　解答（例）

大正時代に完成した東京駅は、東海道新幹線や東北新幹線の発着駅であるばかりでなく、多くのＪＲ各線でも「上り、下り」の起点となっています。地下鉄も乗り入れ、一日中多くの人が利用する重要なターミナル駅です。新幹線では東京駅で乗り換えることによって九州・鹿児島から東北の青森まで列島を縦断することができます。(150字)

【編集部注】東京駅の「復元」を、原型に戻すという意味を重視して「復原」と表記する記事も見られますが、ここでは一般的な「復元」という表記を採用しました。

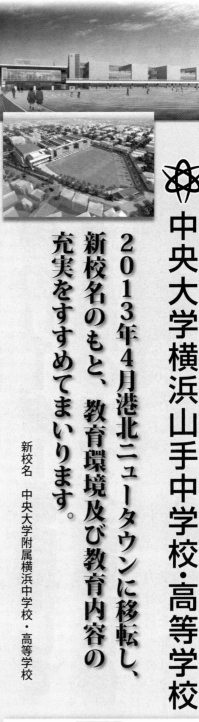

春日部共栄中学校

中学3年生全員が

世界のリーダーを目指して1カ月間のカナダ語学研修

教育理念「この国で、世界のリーダーを育てたい」を掲げ、最高レベルの学力はもとより、これからの世界のトップに立って活躍しうる目的意識と、素養と、対案力と、そしてなによりも人間力を兼ね備えた新しいタイプのリーダーの養成を目指す春日部共栄中学校・高等学校。今年卒業の第４期生からは、国立大医学部への現役合格者も輩出しました。そんな春日部共栄では、中３生全員参加による1カ月間のカナダ語学研修プログラムを実施し、さらにその教育を充実させています。

第４期生、国立大医学部に現役合格

優秀な大学進学実績を残す春日部共栄高等学校のもとに開校した、春日部共栄中学校。早いもので、今春、第４期生が高校を卒業しました。

第１期生の大学進学では、国公立大学に13名の合格者を出しました。第２期生では、２名の東大合格者を輩出。第３期生は東大・京大を筆頭に、難関国公立大学に28名、早慶上理にも28名の合格者を出しました。まさに、春日部共栄の中高一貫教育の優秀さが実証された結果といってよいでしょう。

そんな春日部共栄中学校では、開校以来「この国で、世界のリーダーを育てたい」という高い教育ビジョンを掲げ、それを実践してきました。

その学習指導は、ムダを省き、有機的に再構築した独自のカリキュラムによって進められ、６年次を大学受験準備にあてることを可能にしています。また、５年次で志望別に理系と文系に分かれますが、基本５教科はセンター試験に対応した指導を展開するとともに、海外名門大への進学に対応しているのも、春日部共栄らしさの現れです。

シャドーイング重視 国際標準の英語力を

「世界のリーダー」を目指すには、しっかりした英語力が不可欠です。毎朝授業

SCHOOL TOPICS

語学武者修行 in CANADA

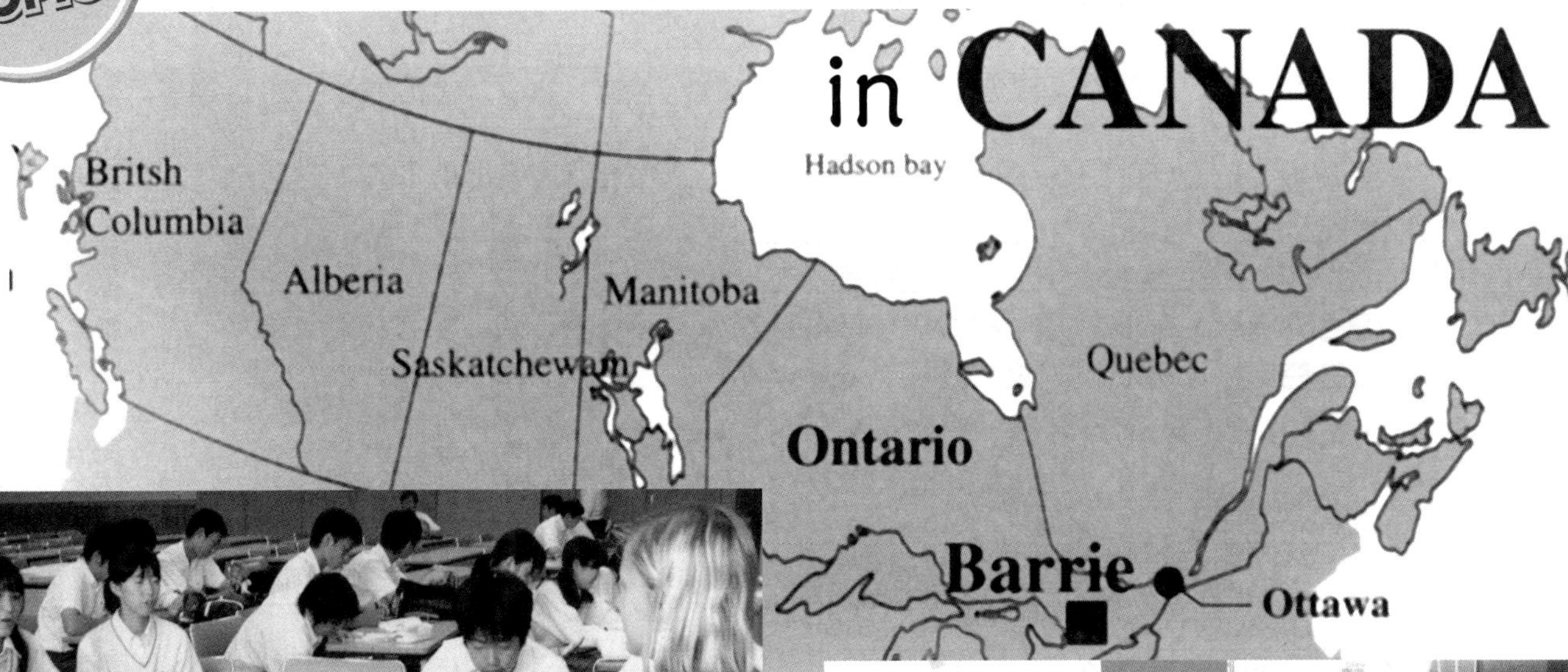

前の朝学習では、リスニングの力を養います。さらに、単語速習から暗唱コンテスト、英文法、英作文指導へと発展的に実力を磨きます。

　また、海外の大学進学も視野に入れ、受験英語の読解力や文法知識の理解と習得、さらにはコミュニケーションの手段として英語を使いこなせるようプレゼンテーション能力に磨きをかけています。そのほか海外の書物を多読することで英語圏の文化的背景までを身につけます。高度な留学英語検定にも挑戦、海外の大学でも通用する英語力を培います。

中学3年生全員参加のカナダ語学研修とは

　中1からスタートした英語学習の集大成が、1カ月間の「カナダ語学研修」です。2007年から希望者で始められたカナダ語学研修ですが、2009年度からは、中学3年生全員参加となりました。

　留学先としてカナダが選ばれたのは、アメリカと同様、多民族国家でありながら治安が保たれ、豊かな自然と高い教育水準を有することによるもの。滞在先のカナダ・オンタリオ州のバリー市で、生徒は、ひと家庭にふたりずつホームステイし、現地の学校にステイ先の子どもと一緒に通います。研修中は、引率の教師陣が注意深く生徒を見守ってくれるので安心です。

　語学の授業以外は現地の子どもたちと同じ授業に参加。欧米流の自分の意見を求められる授業形式に慣れるには、多少の時間を要しますが、日がたつにつれ堂々と英語で発言できるようになるとのことです。

　また、毎年、小学校で折り紙、けん玉、福笑いなどの日本文化をプレゼンテーションし、現地の小学生の人気を博しています。

　勉強だけでなく、放課後や休日にはスキーなどでカナダの大自然を満喫することも可能です。昨年は、全員でナイアガラの滝に行き、自然の雄大さを肌で感じてきました。

　研修の最後には、到達度テストを実施。また、個々の研修体験を英語でプレゼンテーションするとともに、全員で日本文化を披露します。

　1カ月間、英語漬けの毎日を送ると、さすがに英語力は格段に向上。これをきっかけとし、さらなる語学力アップに、誓いを新たにする生徒も多いようです。生徒がひと回りたくましくなって帰って来るのも、この研修の大きな成果といえます。

　全員参加によるカナダ語学研修で、多くの「世界のリーダー」誕生が予感される春日部共栄中学校です。

春日部共栄中学校
埼玉県春日部市上大増新田213
東武スカイツリーライン・野田線「春日部」バス10分
生徒数男子237名、女子150名
電話 048−737−7611

佼成男子

ここから、夢が始まる。

佼成学園中学校

〒166-0012　東京都杉並区和田2-6-29
TEL:03-3381-7227(代表)　FAX:03-3380-5656
http://www.kosei.ac.jp/kosei_danshi/

2013年度 説明会日程

学校説明会

11/22(木) 18:00-19:00
1/12(土) 14:00-15:00

入試問題解説会

11/10(土) 14:00-15:40
12/ 8(土) 14:00-15:40

2013年度入学試験募集要項

	第1回	特別奨学生 第1回	第2回	特別奨学生 第2回	第3回	第4回
試験日	2/1(金)午前	2/1(金)午後	2/2(土)午前	2/2(土)午後	2/3(日)午後	2/5(火)午前
定　員	45名	20名	35名	15名	20名	15名
試験科目	4科または2科	2科	4科または2科	2科	2科	4科または2科

合格発表は全て翌日に行います。(ホームページでは当日行います)

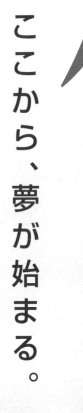

何かが出来そう　何かが出来た

田園調布学園
中等部・高等部
http://www.chofu.ed.jp

〒158-8512 東京都世田谷区東玉川2-21-8　Tel.03-3727-6121　Fax.03-3727-2984
＊東急東横線・目黒線「田園調布」駅下車 〉〉徒歩8分　＊東急池上線「雪が谷大塚」駅下車 〉〉徒歩10分

― 学校説明会日程（予約不要）**―**

第３回　11月22日(木) 10:00～
第４回　１月12日(土) 10:00～
（小6対象）入試体験 及び ワンポイントアドバイス

― 学校行事 ―

定期音楽会　1月23日(水) 横浜みなとみらいホール
12:30～（生徒演奏の部）15:00～（鑑賞教室の部）

＊詳細はHPでご確認下さい。

― 中等部入試 ―

	第1回	第2回	第3回
募集定員	90名	90名	20名
試験日	2/1	2/3	2/4
試験科目	4科 面接	4科 面接	4科 面接

ジュクゴンザウルスに挑戦

熟語パズル

「熟語のことならなんでも知ってるぞ」っていうジュクゴンザウルスが、「このパズル解けるかな」っていばっているぞ。さあ、みんなで挑戦してみよう。

【問題】下の白いマス21個に、全て漢字が1文字ずつ入ります。上から下、左から右に読むと、全てが熟語になっています。

左の読みがなリストをヒントにして、全ての熟語を完成させてください。

四字熟語から埋めていくと解きやすいでしょう。

下の【例】も参考にしてください。

【答えは112ページに掲載しました】

【リスト】

■二字熟語
あめかぜ
いちどう
いっぽう
うてん
かざしも
たいしゅつ

■三字熟語
かくいつてき
てんかいち
てんしゅつとどけ
りっぽうたい

■四字熟語
いっしんいったい
いっしんどうたい
しんきいってん

		■			
			■		■
■	■				
■			■		
			■	■	

【例】

【リスト】

■二字熟語
げんち
しぞく
じゅうきょ
たいしつ
ひょうげん

■四字熟語
いちげんこじ
ひょうりいったい

	■		
■			■
■	■		

【例】の答え

表	裏	一	体
現	■	言	質
■	住	居	■
■	■	士	族

こころが育つ進学校

学校説明会日程《予約不要》
・11月10日(土) 10：00～12：00「生徒の自修館」
・12月 1日(土)〈午前の会〉 9：30～12：00
〈午後の会〉13：30～16：00 「入試直前説明会」
※〈午前の会〉と〈午後の会〉は同一内容です。

1日体験入学《HP応募フォームにて要予約》
・11月10日(土) 9：00～11：30
小学4・5・6年生対象　定員180名

探究文化発表会《予約不要》
・10月27日(土) 9：30～15：00
探究プレゼンテーション／教室展示／
文化部・有志ステージ発表
個別相談／校舎見学ツアー

平成25年度入試日程
・2月1日(金)午前：40名(2科・4科)
午後：40名(2科)
・2月2日(土)午前：20名(2科・4科)
・2月3日(日)午前：20名(4科)

自修館中等教育学校
〒259-1185　神奈川県伊勢原市見附島411
TEL. 0463-97-2100　FAX. 0463-97-2200
HP:http://www.jishukan.ed.jp/
E-mail:jishuinfo@jishukan.ed.jp

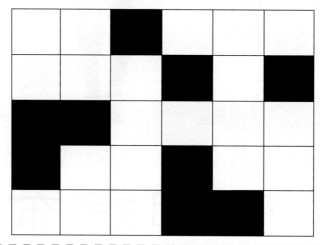

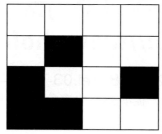

Report! リポート!!

鷗友学園女子中学校 Part 1

「実験」で培う知的好奇心

鷗友学園では、高校になると理系志望の生徒が半数近くにのぼります。その秘密は、数多くの実験を通して生徒の興味・関心を養う教育にありました。

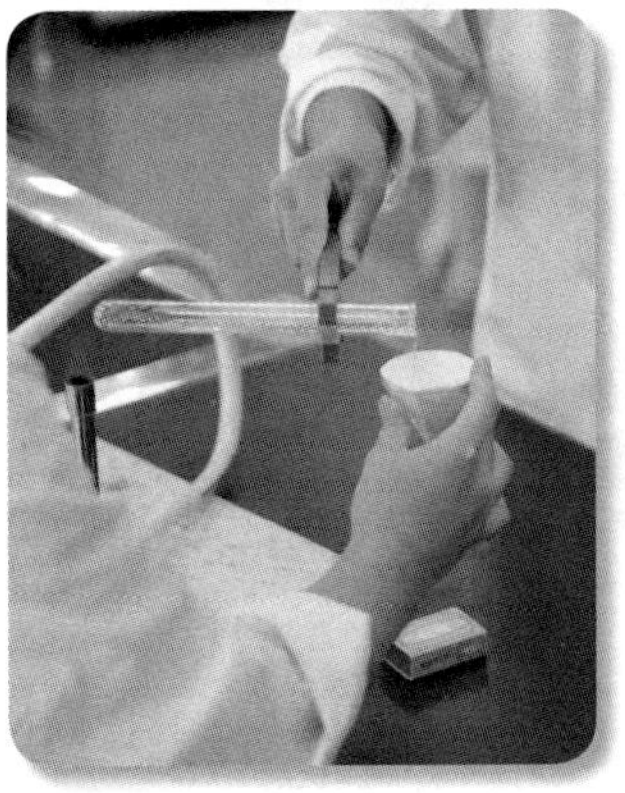

毎年、文系理系を問わず、東大をはじめとした国公立大や、早慶上智大などの難関私立大に多くの生徒を送り出している鷗友学園女子中学校（以下、鷗友）。

鷗友といえば、1935年（昭和10年）の創立当初から重視されてきた英語教育が有名ですが、理系を選択する生徒も例年半数近くにのぼるなど、理系教育にも定評がある学校です。そのなかでも理科は、中学1年生から実験中心の授業を徹底して行っています。

化学の大内まどか先生は「全ての生徒が自然科学に興味を持ち、社会に出てから理系分野の知識が必要になったときにも困らないことが理想です。その上で、理工系、医歯薬系に進みたいと生徒が思ったときには、必ずその志望を実現でき、大学に入学した後もしっかりと実力を発揮できるようにと考え、こうした教育を行っています」と、実験中心の授業を行う理由について説明されます。

カリキュラムは、中1で生物を、中2では化学と物理・地学を勉強し、この2年間で基本的な実験技術を身につけます。そして中3になると、化学と物理・地学が高校の内容に入っていきます。高校に進むと、1年生で物理と生物を学び、高1までで、理科全分野の基礎知識を学びます。そして高2の文理選択で理系を選択すると、化学が週5時間、生物か物理のどちらかを週4時間、高3ではそれぞれ4時間ずつとなり、内容もより専門的になります。

この6年間のうち、中学ではほとんどの授業を実験室で行います。高校になってからも、大学受験のための問題演習だけではなく、多くの実験を授業に組み込んでいます。

「中1の生物で、植物、動物のスケッチ、解剖など実物に触れて正確に観察する力をつけ、『観察者の目』を育てます。そうすれば、化学の実験のように反応が一瞬で終わってしまう場合にも、反応後の溶液の色を見て『きれいな色になった!』で終わらずに、その変化の前後を慎重に観察し、反応の意味をきちんと考えられるようになります」（大内先生）

実験を積み重ねていくことで、生徒たちは自然科学への興味を持つようになり、それが理系選択者の多さの一因となっています。

「日本では、女子は理数が苦手だろうといった先入観がまだまだあるように感じますが、本校の生徒はどの科目にも意欲的です。専門的な内容でも、理解し感動することができれば、理系を選択する生徒が増えるのも不思議ではないと思います」（大内先生）

鷗友は、理科だけに限らず、「実際に見て、触れて」という授業を創立以来続けてきました。これは初代校長の市川源三氏の考えにもつながることでした。その流れが現在まで途切れることなく受け継がれているのです。

こうして理系を選択した生徒も、その先の目標は医学部や工学部など様々。その選択について「多くの生徒は鷗友での6年間を通して、社会に貢献するために自分に何ができるのか、という観点で進路を考えます」と大内先生。

実践的な教育を通して、理科の楽しさ、面白さを伝え、その先の進路につなげていくのが鷗友の理系教育です。

SCHOOL DATA **鷗友学園女子中学校**

Address	東京都世田谷区宮坂1-5-30
Tel	03-3420-0136
Access	東急世田谷線「宮の坂」徒歩4分、小田急線「経堂」徒歩8分
URL	http://www.ohyu.jp/

学校説明会を追加開催します！

第6回学校説明会【予約制】
12月15日（土） 10：00〜11：30
※授業見学・校内見学はできません。
※予約の詳細については学校HPをご覧ください。

親子でやってみよう 科学マジック

監修：あらきはじめ（東京都市大学非常勤講師）

コップからアヒルの笑い声

今回は、紙コップからドナルドダックの声が飛び出すよ。お父さんやお母さんと一緒に早速やってみよう。ビックリするほど大きな声が聞こえるマジックです。カッターを使うところはお父さんやお母さんにやってもらいましょう。

1 用意するもの

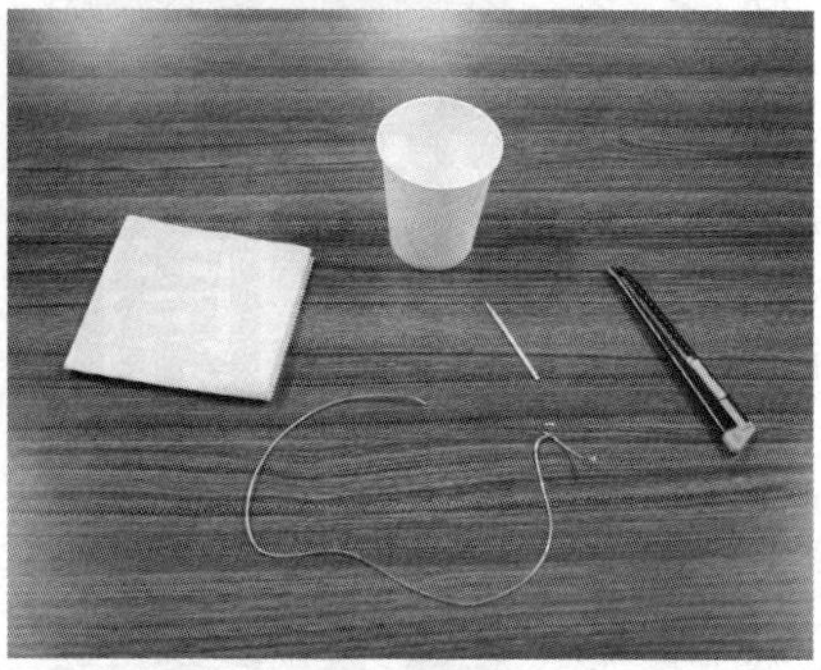

- カッター
- 紙コップ
- つまようじ
- 「ひも」や「たこ糸」
- キッチンペーパー（四つ折り）

2 コップの底に穴を開ける

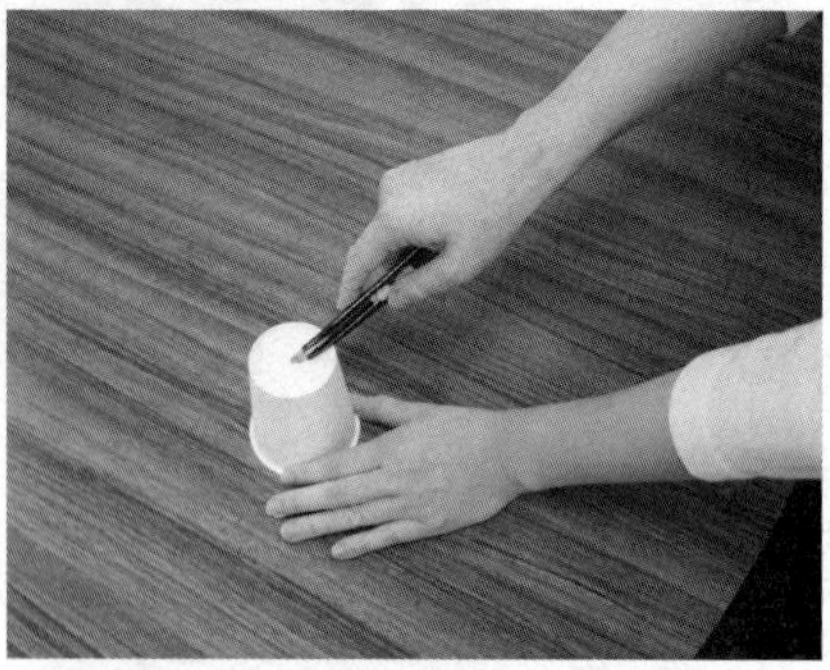

紙コップを裏返し、カッターで十字に切り込みを入れ、ひもを通す穴を開けます。カッターは危ないので、お父さんやお母さんにやってもらいましょう。

3 コップの穴にひもを通す

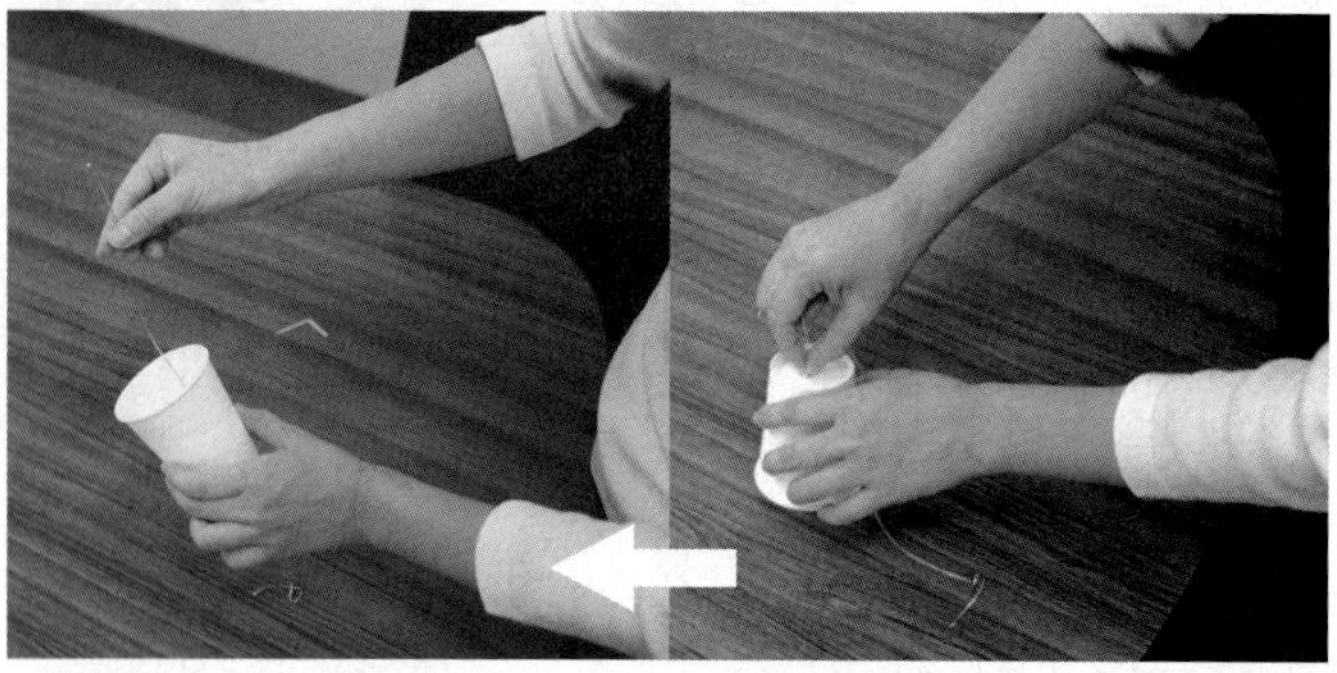

コップの穴にひもを押し込んで通します。

■入試説明会

11/17（土）10:30
12/ 1（土）10:30
12/22（土）14:30
1/12（土）10:30

■平成25年度募集要領（抜粋）

試験日時	2/1（金）		2/2（土）	2/3（日）
	❶午前	❷午後	❸午前	❹午前
募集人員	30名	10名	20名	10名
試験科目	2科・4科選択（2/1午後は2科のみ）			
合格発表	2/1（金）	2/1（金）	2/2（土）	2/3（日）
	16:00	18:00	16:00	16:00

杉並学院 中学校

〒166-0004
杉並区阿佐谷南2-30-17
TEL 03-3316-3311

4 ひもにつまようじを結びつける

コップの内側から出てきたひもの先につまようじを結びつけます。コップの底に合わせて、つまようじは半分の長さに折っておきます。

5 ひもをコップの外側に引っぱる

ひもをコップの外側に引っぱると、つまようじが引っかかるので、ひもがピンと張るようにします。

6 ぬらしたキッチンペーパーでひもをこすると…

コップを片手に持ち、ぬらしたキッチンペーパーでひもをはさんで、ひもをこすりながら強く引いてみましょう。ビックリするほど大きなアヒルの鳴き声が聞こえます。

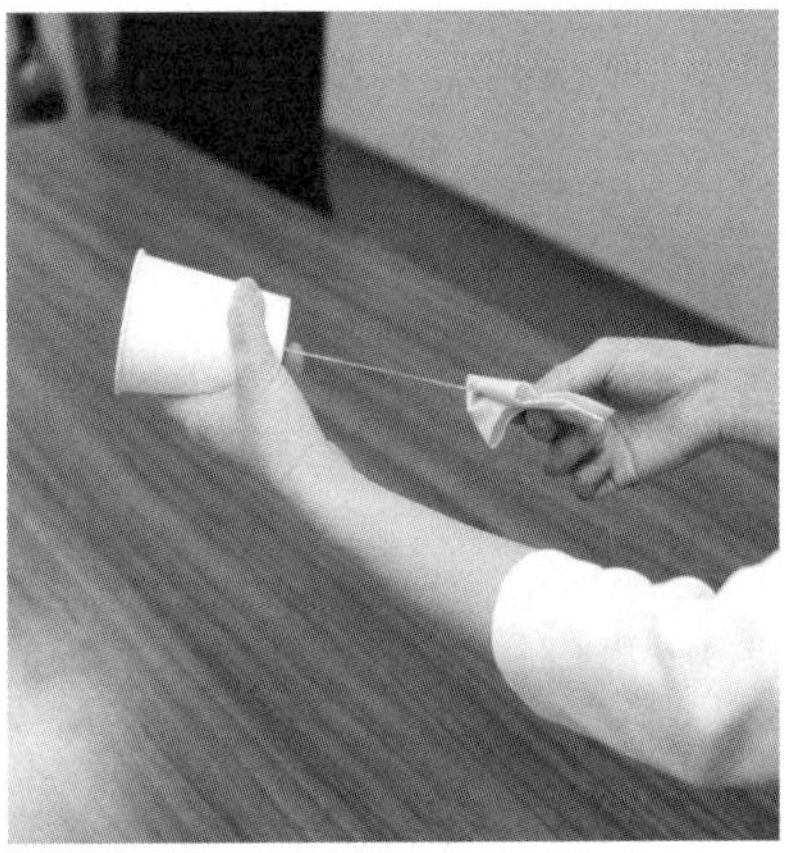

解説　音は、振動が空気を伝わって聞こえるということを実感できるマジックです。想像していたよりも大きな音がしてビックリしたのではないでしょうか。ひもの振動が紙コップの底を振るわせ、メガホンの形をした紙コップ全体が共鳴して、拡声器の役割も果たしています。これは弦楽器の原理と同じです。ですから、ひもに凹凸がある方が音も大きくなります。いろいろなひもで試してみましょう。ゴムひもなどもおもしろい音になります。プラスチックのコップでも試してみましょう。

夢を実現する
Successful Career

よく学ぶ
少人数にこだわった『思いやり教育』

よく考える
課題研究と段階的な小論文指導

より良く生きる
多彩なプログラムで『なりたい自分』になる

学校説明会日程 ＊予約不要
11/18(日)11:00～
本校の教育方針や募集要項、入試の傾向などについて説明いたします。
なお、説明会終了後に個別入試相談にも対応いたします。

個別相談会日程 ＊要予約
12/ 1(土)14:00～ 12/ 8(土)14:00～
12/22(土)14:00～ 1/14(祝)11:00～

オープンキャンパス ＊要予約
11/24(土)10:00～

2013年度入試要項

	募集人員	試験日	入試科目
第1回	25名	2月1日(金)	2科または4科
第2回	10名	2月1日(金)	適性検査型
第3回	15名	2月3日(日)	2科または4科
第4回	15名	2月4日(月)	2科または4科
第5回	10名	2月5日(火)	2科または4科
第6回	5名	2月10日(日)	適性検査型

淑徳SC
中等部・高等部

〒112-0002 東京都文京区小石川3-14-3
☎03-3811-0237
平成25年度 生徒募集受付 ☎03-5840-6301
＜最寄り駅＞
東京メトロ　丸ノ内線・南北線「後楽園駅」
都営　大江戸線・三田線「春日駅」

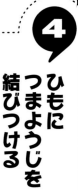

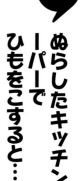

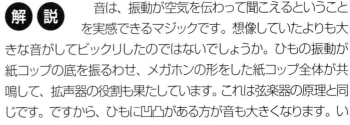

城西川越中学校の21年目の新たなる一歩

城西大学付属川越高校に中学校が創立されてはや20年。埼玉県内の数少ない男子校のひとつとして、「報恩感謝」を校是に掲げ、多くの人材を輩出してきました。城西川越中学校は20年という節目を迎え、いまさらなる一歩を踏み出しました。

城西川越中学校は、恵まれた自然のなかで教師が生徒を手厚く育ててくれる温かみのある学校として知られています。「報恩感謝」の校是は、広く学校に浸透し、教員と生徒は、学校でまさに家族のように時間を過ごしています。

2012年より設置された「特選クラス」

城西川越ではこれまでも進路指導に関して、さまざまなキャリアデザインをとおして、生徒の希望進路を実現してきました。昨年からは、より高い目標を設定し、自分の夢を叶えるために「特選クラス」（1クラス）が新設されました。「特選クラス」には第一回・二回入試で上位合格した生徒が入ることができます。

「特選クラス」の特徴として、①週3日、7時間授業の実施、②副担任に外国人教師、③中学3年次にオーストラリアでの海外研修の3つがあげられます。

ひとつ目の週3日ある7時間目の授業は、正規の授業や課外補習とは異なる特別カリキュラムで行われます。ユニークなのが7時間目が行われる時間です。

「6時間目が終わると、その後、クラブ活動を行います。特選クラス以外の生徒は5時30分が完全下校ですので、それまで全員でクラブ活動を行うのです。特選クラスの生徒は、5時30分からもう1時間授業を行います。クラブ活動を制限してしまっては、そこでの人間関係が作れなくなってしまいます。本校では部活動などの課外活動はみんなで行うべきだと考えています」と阿部尚武校長先生。

こんなところにも学校の考え方が現れています。部活動のあとでも、生徒たちは疲れを見せることなく、逆に頭をリフレッシュして授業に臨んでいるそうです。

ふたつ目は外国人教師の副担任制です。英語が身に付いてきた1年生の2学期から、いっしょにお昼休みを過ごしたり、放課後に掃除をしたりと、普段の授業と違った、生活に即した形で自然に英会話ができるように盛り込んでいます。

みっつ目に中学3年次のオーストラリアでの海外研修です。他のクラスは京都・奈良の修学旅行に行きますが、特選クラスは約5週間という長期間、オーストラリアでホームステイを行い、現地の学校に通います。「特選クラス」は英語学習に力を入れている城西川越の先鋭的なクラスと言えます。

光が溢れる新校舎が2012年1月に完成

2012年の1月に中学生の教室があ

城西川越中学校
〒350-0822
埼玉県川越市山田東町1042
TEL：049(224)5665
URL：http://www.k-josai.ed.jp/

平成25年度　募集要項					
	一般入試				帰国生入試
入試区分	第一回	第二回	第三回(SA入試)	第四回	
試験日	1/11(金)	1/17(木)	1/26(土)	2/5(火)	1/11(金)
募集定員	約80名	約30名	約10名	若干名	若干名
試験科目	国語・算数　100点/50分 社会・理科　50点/30分		国語・算数 100点/50分 (標準的学力重視型)	国語・算数 100点/50分	国語・算数 100点/50分 面接(英語・日本語)
合格発表	1/12(土)14:00 校内掲示 ホームページ掲載	1/18(金)14:00 校内掲示 ホームページ掲載	1/26(土) 16:00 校内掲示 ホームページ掲載	2/5(火)15:00 校内掲示 ホームページ掲載	1/12(土) 14:00 校内掲示 ホームページ掲載
手続締切	2/5(火)15:00		1/31(木) 15:00	2/9(土)15:00	2/5(火)15:00

学校説明会（予約不要）

11月5日（月）　10:30 ～ 12:00
12月1日（土）　14:30 ～ 16:00

問題解説学習会（要予約）

11月23日（金）　9:00 ～ 12:20
11月23日（金）　12:15 ～ 15:35

SA入試プレテスト（要予約）

11月23日（金）　13:00 ～ 15:35

※川越駅西口・本川越駅・桶川駅にスクールバスを配車します。

る新校舎が完成しました。白を基調にした校舎はとても明るく、窓を大きく設計してあるので光がとてもたくさん入ってきます。もともと明るい雰囲気の学校が、より明るくなりました。生徒の休憩スペースとしてベンチも用意され、人気の空間となっています。

また、各教室には冷暖房が、トイレには温水洗浄便座が完備されています。耐震性にもすぐれ、生徒たちは最新の設備のなかで快適に学校生活を送ることができます。

現在は、これまであった校舎が壊され、広くなった中庭が整備されている途中です。今年の12月には本館からの渡り廊下も完成し、過ごしやすい生活空間が広がります。

2013年度より SA入試を新設

2013年度、SA(Standard Aptitude)入試が導入されます。城西川越では、これまで3回の入試を行ってきましたが、2回目と3回目のあいだにこのSA入試が行われます。

一般入試では「応用力」や「対応力」が問われるのに対して、SA入試では、正確に読み、深く考え、そして確実に計算ができる能力を評価します。小学校での国語と算数の教科書の内容をしっかりと理解し、基礎基本を身につけている優秀な生徒を発掘します。

SA入試の特徴として、ほかの試験より入学手続きが早くなっています。なぜならSA入試での入学生には、一般入試で入学してくる生徒にはない特別な補習が2月の土曜日に予定されているからです。これにより、入学前に一足先に学校の雰囲気を味わえるとともに、中学校での授業の準備ができるのです。

この新しい試みは、城西川越のチャレンジでもありますが、中学受験準備があまりできなかった生徒でも、中高6年間のカリキュラムと先生の手厚い指導により、生徒の夢を叶えることができるという自信の現れでもあるのです。

「学校は現在の生徒や教員だけのものではなく、これまでの卒業生や教員、これからの入学生や教員、城西川越に関わるすべての方々のものであり、それが伝統というかたちでつながっていくものです。ずっと続いているアットホームな雰囲気を残しつつ、時代にあった新しい城西川越らしい教育で、健全な子どもたちを育てていきます」と阿部校長先生はおっしゃいます。

つねに感謝の気持ちを持って、生徒一人ひとりを大切にしている城西川越中学校。

自然に囲まれた環境のなか、伝統に培われた多彩なカリキュラムをもとに、新たなる挑戦を続けています。

HIGH SCHOOL TmU 多摩大学目黒

明日の自分が、今日より成長するために…

TAMA UNIV. MEGURO Junior High School

多摩大学目黒中学校

２名の専任ネイティブ教師が直接英会話を指導！確実に英語力を伸ばします。

イギリス人とアメリカ人のネイティブ教師が少人数英会話授業を直接指導。一人ひとりの英語力を確実に伸ばしています。

http://www.tmh.ac.jp/

〒153-0064 東京都目黒区下目黒 4-10-24 TEL. 03-3714-2661
JR 山手線・東急目黒線・都営地下鉄三田線・東京メトロ南北線「目黒駅」西口より徒歩 12 分
東急東横線・東京メトロ日比谷線「中目黒駅」よりスクールバス運行

●中学受験生・保護者対象学校説明会 予約不要

11/14(水) 10:30～
12/1(土) 10:30～
1/11(金) ①10:30～ ②19:00～

※お車でのご来校はご遠慮ください。

●中学体験学習 要予約 （保護者の方は授業参観及び説明会）

英語体験授業：Let' s enjoy English! ／クラブ体験：来たれ我が部！

11/23(祝) 10:00～12:00 会場：あざみ野セミナーハウス
※前々日までに電話にてご予約ください。

●2013 年度生徒募集要項

試験区分	進学 第１回	進学 第2回	特待・特進 第１回	特待・特進 第2回	特待・特進 第3回	特待・特進 第4回
募集人員	74名		特待20名 特進20名			
出願期間	1月20日（日）より各試験前日まで、9:00～15:00					
試験日	2/1（金）8:30集合	2/2（土）8:30集合	2/1（金）14:30集合	2/2（土）14:30集合	2/3（日）14:30集合	2/4（月）8:30集合
試験科目	２科または４科（出願時に選択）		４科		2科	
合格発表	各試験当日14:00～16:00		各試験当日20:30～21:30			当日14:00～16:00

http://www.tmh.ac.jp

多摩大学目黒 検索

携帯サイト：http://www.tmh.ac.jp/mobile

「品格」のある「知性の高い」子女を育みます。

■学校説明会 ※予約不要

第3回
11/17(土) 10:30

第4回
12/1(土) 10:30

第5回
12/16(日) 10:30

第6回
1/5(土) 13:30

■入試試問題対策会 ※要予約

第3回(2・4科選択)
11/23(金・祝) 10:30

4・5年生対象説明会 ※要予約
12/22(土) 13:30

■2013年度中学入試要項(概要)

	第1回		第2回		第3回	第4回
試験日	2／1(金)		2／2(土)		2／3(日)	2／5(火)
	午前	午後	午前	午後	午前	午前
募集人員	50名	30名	20名	10名	10名	10名
試験科目	●2科(国·算)または4科(国·算·社·理)の選択制　●生徒のみのグループ面接					

※毎回の試験の得点により特待生(A·B·C)を選出します。

CJ CHIYODA

千代田女学園 中学校 高等学校

〒102-0081 東京都千代田区四番町 11 番地　電話 03(3263)6551(代)
●交通＜JR＞市ヶ谷駅・四ツ谷駅（徒歩 7～8 分）
＜地下鉄＞四ッ谷駅・市ヶ谷駅（徒歩 7～8 分）／半蔵門駅・麹町駅（徒歩 5 分）

http://www.chiyoda-j.ac.jp/

系列の武蔵野大学へ多数の内部進学枠があります。

学ナビ!! School Navigator

vol. 031

東京　文京区　共学校

駒込中学校

KOMAGOME Junior High School

子どもたちの未来を支える教育理念「一隅を照らす」

社会構造の大きな変化により、大卒の肩書きや終身雇用による安心、安定がなくなってしまった現代社会で、生徒たちが希望をもって力強く生きていけることは誰もが願うところです。

したがって、中学校・高等学校は、単に将来の大学進学に備えるためではなく、その先にある真の目的に向かう第一歩、それも極めて重要な一歩を踏み出すために選ばれるべきだと駒込では考えられています。

時間を正確に知る目的では1万円の時計も50万円の時計も変わらないはずなのに、後者を手にする人がいるのは、その付加価値を見抜くからにほかなりません。

「一隅を照らす」人材の輩出を建学の精神に掲げて330年、駒込中高は〝老舗《しにせ》〟の人間教育を行っています。

考える力、行動力が伴う高度な学力、他者のために活動できる心力、そして多彩なプログラムによる国際感覚力のそれぞれを高いレベルで身につけることをとおして、付加価値を高めていきます。

国際化教育を環太平洋地域に置く

駒込では、自国の風土をよく知り、その文化思想をしっかり学んだうえで世界貢献すべきだと考えています。駒込の中高一貫の国際化教育が日本を含むアジア、環太平洋地域にしぼっている点もここにあります。語学研修、留学制度、修学旅行などもこの地域内に収まり、共通語である英語の習得がたんなる語学を超えた意味を持ちます。

学習面では、アドバンスコースを起点として、十二分な時間のなかで、シラバスに則った先取り教育を実践しています。生徒にとっては、学習での適度な負荷は歓迎すべきチャレンジになります。それが、主体的に生きる力を獲得するにいたる、真に自律した人間を育てる原動力のひとつになると考えられています。

School Data

駒込中学校

東京都文京区千駄木5-6-25

地下鉄南北線「本駒込」徒歩5分、地下鉄千代田線「千駄木」・都営三田線「白山」徒歩7分

男子158名、女子72名

03-3828-4141

http://www.komagome.ed.jp/

駒込中学・高等学校

〒113-0022 東京都文京区千駄木 5-6-25
TEL.03（3828）4141
http://www.komagome.ed.jp

<交通>東京メトロ南北線「本駒込駅」から徒歩５分
東京メトロ千代田線「千駄木駅」から徒歩７分
都営三田線「白山駅」から徒歩７分
都バス（草63）「駒込千駄木町」下車（正門前）

中学入試説明会

11/11(日) 10:00～	入試算数ワンポイント講座	
11/24(土) 10:00～	過去問題解説・ミニテスト体験	予約(当日可)
12/16(日) 10:00～	入試直前トライアル①	予約(当日可)
1/13(日) 10:00～	入試直前トライアル②	予約(当日可)

1日個別相談会

●予約不要、9：00～16：00

11/10(土)、11/23(祝)、12/ 8(土)

2013年度入試要項

	第1回	第2回	第3回		第4回
日程	2/1（金）		2/2（土）		2/6（水）
集合時間	8:30	14:30	8:30		8:30
名称	アドバンス入試	特待S入試	特待S入試	公立中高一貫型入試	アドバンス入試
募集コース	アドバンス（スーパーアドバンス合格有）	スーパーアドバンス（アドバンス合格有）	スーパーアドバンス（アドバンス合格有）		アドバンス（スーパーアドバンス合格有）
募集定員	30名	40名	30名		20名
受験科目	2・4科目	4科目	4科目	*3科目	2・4科目
合格発表日（インターネット）	2/1（金） 21:00		2/2（土） 16:00	2/2（土） 21:00	2/6（水） 16:00
（校内掲示）	2/2（土） 8:30			2/3（日） 8:30	

科目・配点および時間

	1時間目	2時間目	3時間目
2科目	国語100点	算数100点	
4科目	国語100点	算数100点	社会50点・理科50点
*3科目	思考表現100点	数的処理100点	理社総合100点

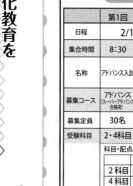

にちがく

明大&SS特待入試スタート

明治大学と高大連携!!

2012年 大学合格実績（抜粋）

早稲田大学	4名		
上智大学	2名		
青山学院大学	1名		
中央大学	4名		
法政大学	1名		
北里大学	1名		
日本大学	5名	東京電機大学	1名
東洋大学	2名	麻布大学	2名
駒澤大学	5名	國學院大學	2名
専修大学	3名	神奈川大学	8名
東京薬科大学	2名	桜美林大学	5名
東京農業大学	2名		

●学校説明会（10:00～11:30）
11月 7日(水)
12月17日(月)

●理科実験教室（要予約 10:00～11:30）
11月25日(日)

●個別相談会（予約推奨 10:00～11:30）
12月 8日(土)

●入試体験（要予約）
1月13日(日) 8:30 集合

日本学園
中学校・高等学校

〒156-0043 東京都世田谷区松原2-7-34
TEL.03-3322-6331 FAX.03-3327-8987
http://www.nihongakuen.ed.jp
京王線・京王井の頭線「明大前」下車徒歩5分

学ナビ!! School Navigator vol.032

東京 世田谷区 男子校

日本学園中学校

NIHON GAKUEN Junior High School

明大との「高大連携」を機に さらに進化する「にちがく」

◇新生「にちがく」スタート◇

1885年（明治18年）創立の日本学園中学校・高等学校。教育理念は、「人間形成を重んじる」です。「時代を生きぬく個性豊かなたくましい人間を育てる」ことを目指した教育を行っています。

そんな日本学園が、2012年に明治大学と「高大連携」し、これまでの2クラス制を1本化、「明大&SS特待コース入試」を実施します。

明治大学との高大連携を機に、これまでの2クラス制から、中高一貫コース（明大&スーパー進学コース）として生まれ変わります。6年後の進路目標は明治大学を基軸に、国公立・早慶上智大学など難関大学に設定し、独自の英語・国語・数学の3教科集中カリキュラムを展開。また少人数制で、日々の学習の充実を図り、放課後補習では個別指導も含めた指導体制をとっています。

また、2010年度より新しい英語教育「リンクイン」がスタート。日本人教師が教えた内容を、さらに外国人教師が掘り下げる独自の指導法を展開、国際社会を担う創造型リーダーの養成を目指しています。

◇「創発学」を実践◇

学力養成の指導と並行して、日本学園では、「創発学」を実践しています。

これは、自ら創造し発信できる力を育てるためのスキルアップ・プログラムと、自ら進路を切り拓く力を育てるためのキャリア・エデュケーションを組み合わせた、独自の教育プログラムです。キャリアをテーマにフィールドワークとプレゼンテーション実習を繰り返し、中3までに研究論文としてまとめます。

交通至便の地にありながら、2万5000㎡の敷地を有する日本学園。より快適な教育空間を目指し、第2コンピュータ室の設置や食堂の改装など、ハード面でもさらなる充実をはかっています。その新たなスタートが注目されています。

School Data

日本学園中学校

東京都世田谷区松原2-7-34

京王線・京王井の頭線「明大前」徒歩5分、京王線・東急世田谷線「下高井戸」徒歩10分、小田急線「豪徳寺」・東急世田谷線「山下」徒歩15分

男子のみ77名

03-3322-6331

http://www.nihongakuen.ed.jp/

教えて中学受験Q&A

6年生

Question

**文字をきれいに書けなくて
失点することが目立ちます**

テストの答案などを見ていると、文字が乱雑で読み取れないようなときもあります。実際に模擬試験などでも文字が原因で失点していることが目立ちます。もう６年生なので入試で失敗しないかと心配です。どうしたらいいですか。

（横浜市・ＫＹ）

Answer

**なぜいけないかをしっかり説明し
ゆっくり正確に書く習慣をつけましょう**

男のお子さんなどに、しばしばあるお悩みです。正解が分かっているのに、解答用紙に転記する際に誤字を書いてしまったり、乱雑な文字で判読しがたいことから減点の対象になったりすることはあります。こうした場合、厳しく注意することも大切ですが、そのようなお子さんは、これまでも各所で文字のことは注意を受けていることでしょう。ここは、叱るのではなく、なぜ文字が乱雑で不正確だと困るのかを、しっかり本人に納得できるように話してあげることが大切です。

「入学試験は、１点、２点の差で合否が決まることもある」と伝えるだけでなく、答案は採点者に「読んでもらうもの」であることを理解してもらうようにします。問題をすばやく解こうとして、つい急いでしまった結果、文字が乱雑になってしまうのでしょうから、あわてずにゆっくり答えを書く習慣をつけ、きちんと書けている部分を評価してあげることで、次第に文字も正確で誤りのないものになっていくはずです。

東京純心女子中学校
高等学校
Tokyo Junshin Girls' Junior and Senior High School

〒192-0011 東京都八王子市滝山町2-600
TEL.(042)691-1345(代)

併設／東京純心女子大学 現代文化学部
(国際教養学科・こども文化学科)

http://www.t-junshin.ac.jp/jhs/
E-mail j-nyushi@t-junshin.ac.jp

交通／JR中央線・横浜線・八高線・相模線八王子駅
京王線京王八王子駅よりバス10分
JR青梅線福生駅、五日市線東秋留駅よりバス

■ 中学校説明会 10:30～12:30(予約不要)
11月 7日(水) 本校 セント・メリー・ホール
＊12月 1日(土) 本校 江角記念講堂
＊小学校6年生対象「入試体験会」あり。要予約

■ 受験生のための
クリスマス・ページェント(要予約)
12月24日(月・振替休) 10:00～12:00

■ 2013年度 入試要項

	第1次	1日午前 適性検査型 SSS	1日午後 SSS	第2次	第3次
試験日	2/1(金) 午前	2/1(金) 午前	2/1(金) 午後	2/2(土) 午前	2/4(月) 午前
募集人数	約45名	約10名	約35名	約35名	約15名
試験科目	2科/4科	適性検査 I・II	2科	2科/4科	2科/4科

＊合格発表は当日になります。

■ 学校見学…随時
(平日・土曜　9:00～17:00)
※お電話、e-mailでご予約ください。

疑問がスッキリ!

2〜5年生

Question

本をよく読むのに国語が苦手なのはどうしてですか？

どちらかといえば読書が好きで、本をよく読む子なのですが、塾の国語のテストでは、問題文の内容を正しく読み取れていないことが多く、国語を苦手としています。読書好きなのに、どうして国語ができないのでしょうか。対策があれば教えてください。

（目黒区・ＳＨ）

Answer

読解力を高めるためにゆっくり読んだり違うジャンルの本に挑戦してみましょう

一般的に読書量が多い児童は、読解力もあり、国語の問題にも取り組みやすい面はあります。しかし、ご相談者の場合のように、読書好きなのに国語の問題になると苦戦するという例も少なくありません。

中学入試で出題される物語文の場合には、単純なストーリー展開が問われるのではなく、その物語における登場人物の内面や、より深い部分を設問とされることがほとんどです。本が好きでたくさん読む子の場合、どうしても話の筋だけを追いかけてしまいがちですので、早く読めても、読み取る力がついていないことがあります。

ですから、そうした場合には、少しゆっくり本を読むことも勧めてみてください。また、読む本のジャンルも物語だけに偏らず、説明文などにもチャレンジしてみましょう。読書することに苦痛はないはずなので、読むものの幅を広げることも、本格的な読解力を培うひとつの方法となります。

受験があってもなくても
勉強する学校、おかしいですか

■入試説明会　10：30〜
11/10（土）
11/30（金）

■入試直前説明会　10：30〜
12/8（土）
1/14（祝）

■2013年度入試要項

	試験日	募集人員	試験科目
第１回	2/1	50名	4科
第２回	2/2 午後	40名	2科
第３回	2/3	30名	4科
第４回	2/6	20名	4科

藤嶺学園
藤沢中学校

〒251-0001 神奈川県藤沢市西富1-7-1
Tel.0466-23-3150
ＪＲ東海道線藤沢駅より徒歩15分
小田急線藤沢本町駅より徒歩15分
http://www.tohrei-fujisawa.jp/

TEIKYO

帝京大学中学校

〒192-0361 東京都八王子市越野322　TEL.042-676-9511（代）

http://www.teikyo-u.ed.jp/

○2013年度入試 学校説明会

対象／保護者・受験生　会場／本校

第４回 **11/10**（土）10:00 本校の進路指導　授業見学※　～保護者が見た帝京大学中学校～

第５回 **12/16**（日）10:00 入試直前情報　過去問解説授業

第６回 **1/12**（土）14:00 これから帝京大学中学校を、お考えの皆さんへ

第７回 **2/23**（土）14:00 4年生・5年生保護者対象の説明会

※予約制　クラブ活動体験・模擬授業は電話予約が必要となります。予約開始日は2学期以降になります。ホームページ上でお知らせします。

○学校見学は、随時可能です。（但し、日祝祭日は除く。また学校説明会等、行事のある場合は見学出来ないことがあります。）

○平常授業日（月～土）には、事前にご予約いただければ、教員が校舎案内をいたします。

○邂逅祭（文化祭）　11月3日（土・祝）・4日（日）

2013年度入試要項		第1回	第2回	第3回
	試験日	2月1日（金）午前	2月2日（土）午前	2月3日（日）午後
	募集定員	40名（男女）	40名（男女）	30名（男女）
	試験科目	2科（算・国）・4科（算・国・理・社）から選択		算・国

●スクールバスのご案内

月～土曜日／登校時間に運行。
詳細は本校のホームページをご覧ください。

JR豊田駅 ←→ 平山5丁目（京王線平山城址公園駅より徒歩5分）←→ 本校
（20分）

多摩センター駅 ← （15分）→ 本校

敬神　奉仕

東洋英和女学院中学部

◆学校説明会　11月10日（土）10:00～11:30　5年生以下対象
　　　　　　　　　　　　　　　13:30～15:00　6年生対象

◆入試問題説明会　12月 1日（土）　9:00～11:00　※6年生対象。予約は不要です。

◆クリスマス音楽会　12月 8日（土）1回目　13:00～14:15
　　　　　　　　　　　　　　　　2回目　15:00～16:15

※9月8日、11月10日の学校説明会でアンケートを提出された方には案内状をお送り致します。

2013（平成25）年度入試要項

	募集人数	願書受付	試験日	入試科目	合格発表
A日程	80名	A日程・B日程（窓口・郵送） 1月21日(月)～25日(金) ※郵送1月25日(金)必着	2月1日（金）	4科・個人面接	ホームページ　2月1日（金）22:00 校内掲示　2月2日（土）　9:00
B日程	30名	B日程（窓口） 2月2日(土) 9:00～15:00 2月3日(日)13:00～15:00	2月4日（月）	4科・個人面接	ホームページ　2月4日（月）22:00 校内掲示　2月5日（火）　9:00

〒106-8507　東京都港区六本木5－14－40　TEL.03－3583－0696　FAX.03－3587－0597
http://www.toyoeiwa.ac.jp

秋のオススメ参考書

【算数】

「算数がメチャとくいになれる本」

監修／秋山仁
小学館
893円(税込)

算数がちょっと苦手な人には特にオススメの1冊。少数や分数など、つまずきやすい単元が丁寧に解説してあり、これを読めば「なんだ、そういうことだったのか」と納得できるはず。クイズのような問題もあり、楽しみながら勉強できる。

【国語】

「最強の国語力　小学4年以上」

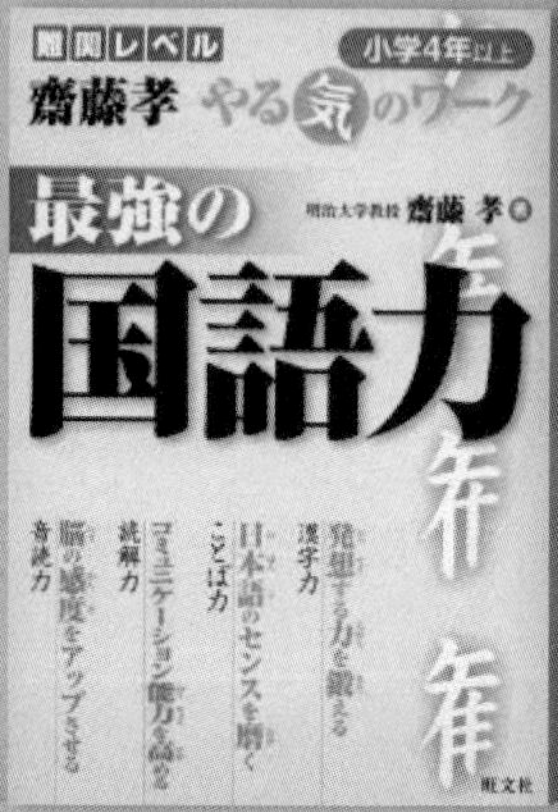

齋藤 孝 著
旺文社
1,260円(税込)

「最強」の名のとおり、少しレベルが高いものになっているが、子どもたちの能力を最大限に伸ばし、中学受験にとどまらず、それ以降の受験にも使える知識が満載。学習のポイントを分かりやすく説明してあり、知的好奇心をかきたてる１冊。

【社会】

「中学入試でる順社会700」(改訂版)

旺文社 編
旺文社
987円(税込)

中学入試を徹底的に分析し、試験に出る順番に掲載されているので、ポイントをおさえて効率的に勉強できる。１単元が３つのステップで構成されており、無理なく着実に力が身につく。入試によく出る頻出事項を再確認するのに最適。

【理科】

「丸まる　要点ノート　理科」

学研 編
学研教育出版
998円(税込)

見開きで１単元となっており、左ページに要点、右ページに確認問題と入試問題が掲載されている。コンパクトにまとまっており、まとめだけでなく、問題集としても使用できる。赤シートを使っての暗記チェックなど、受験直前まで使い勝手がよい。

『夢　実現』西武台千葉!

■学校説明会
11/3 (土)10:00~
11/17(土)14:00~
12/15(土)10:00~
※個別相談コーナーあり

■学校見学会(要予約)
10月・11月の水曜日
(11/28を除く) 16:00~
10/20(土)10:00~

■個別相談会(夕刻開催)
10/19(金)17:00~19:00
11/29(木)17:00~19:00
※詳細はH.P.で

〔東武野田線〕
柏駅 — 29分 — 川間駅 — 11分 — 春日部駅

西武台千葉中学校
〒270-0235
千葉県野田市尾崎2241-2
TEL.04-7127-1111
FAX.04-7127-1138
東武野田線「川間駅」北口徒歩17分
南口よりスクールバス15分
www.seibudai-chiba.jp

中学 学校説明会		開始時刻		終了予定時刻
第４回	11 / 17（土）	14:00	～	16:00
第５回	12 / 8（土）	13:00	～	15:30
第６回	1 / 12（土）	14:00	～	16:00
ミニ説明会	1 /27（日）	10:00	～	12:00

※開始時刻までにお越しください。なお、終了予定時刻には校舎見学および個別相談の時間は含まれておりません。

KASEI
〒173-8602 東京都板橋区加賀1-18-1
入試広報部☎03-3961-0748
http://www.tokyo-kasei.ed.jp

に行こう！

私たちが普段何気なく使っている乗り物の勉強をしてみましょう。実際に触ったり乗ったりできるところが多く、楽しい時間を過ごせます。

鉄道博物館

写真：鉄道博物館

所在地：埼玉県さいたま市大宮区大成町3-47
ＴＥＬ：048-651-0088
アクセス：埼玉新都市交通伊奈線・ニューシャトル「鉄道博物館(大成)」徒歩1分
開館時間：10:00～18:00（入館は17:30まで）
休館日：火曜日、年末年始
入館料：一般1000円、小中高生500円、幼児（3歳以上未就学児）200円
Ｈ　Ｐ：http://www.railway-museum.jp/

実物の車両で振り返る日本の鉄道の歴史

　日本の鉄道の歴史を学べる鉄道博物館。明治時代初期から現代までの鉄道の技術やシステムの変遷・歴史を紹介しているヒストリーゾーンでは、実物の鉄道車両36両を中心とした迫力ある展示が魅力だ。３人乗りのミニ車両の運転や、D51シミュレータ、運転士体験教室など、体験型の施設も充実している。来年の1月14日までは、開館５周年・鉄道開業140周年記念特別企画展「鉄道開業ものがたり」も開催している。

船の科学館

所在地：東京都品川区東八潮３-１
ＴＥＬ：03-5500-1111
アクセス：ゆりかもめ「船の科学館」徒歩0分、
　　　　　りんかい線「東京テレポート」徒歩12分
開館時間：10:00～17:00（宗谷の乗船は16:45まで）
休館日：月曜日（祝日の場合は翌日)、年末年始
入館料：無料
Ｈ　Ｐ：http://www.funenokagakukan.or.jp/

80年前の南極観測船に乗り込もう！

　本館のリニューアル準備中につき、現在は敷地内のMINI展示場にて様々な展示を行っている。客船や貨物船、海上自衛隊イージス艦などの船舶模型を展示しているほか、日本初の南極観測船「宗谷」を当時の姿のままで保存しており、実際に乗り込んでなかを見ることができる。また体験教室プールでは、プロの指導によるカヌー操船体験なども行われていて、船の魅力を気軽に楽しめる博物館だ。

2013年度

中学校 入試説明会（保護者対象）
10:30～12:00／本校アリーナ
10月31(水)　12月1(土)　1月9(水)

中学校 体験入学（児童対象）／本校
青稜の授業(国語と算数)を、ぜひ実際に体験してみてください。
11月17(土)　14:00～16:00

※学校見学随時可能（日曜祝祭日を除く）【予約不要】

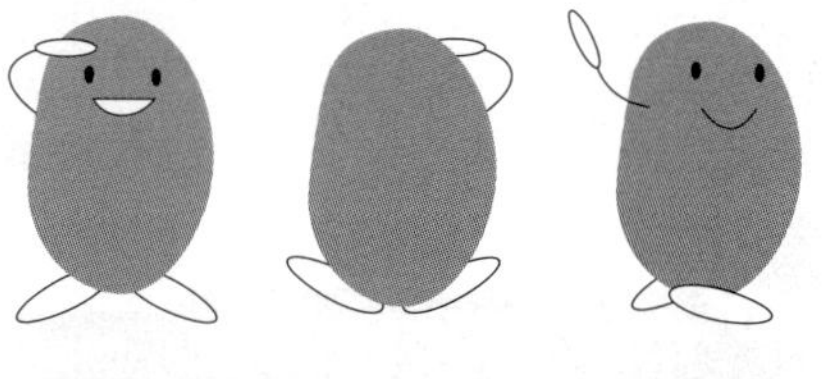

青稜中学校
東京都品川区二葉１丁目６番６号　Tel 03-3782-1502
URL　http://www.seiryo-js.ed.jp/

乗り物の博物館

MEGA WEB

所在地：東京都江東区青海1-3-12
ＴＥＬ：03-3599-0808
アクセス：ゆりかもめ「青梅」徒歩０分
開館時間：11：00～21：00
休館日：HPでご確認ください。
入館料：無料
Ｈ　Ｐ：http://www.megaweb.gr.jp/

クルマ好きのための クルマのテーマパーク

見て、乗って、感じることができる車のテーマパーク「MEGA WEB」。トヨタの新商品や、1950年代以降の世界の名車が展示されており、車の歴史や、車に関するさまざまなことを学ぶことができる。また、本格的なカートや、足こぎ運動アシスト式ハイブリッドカーなどを試乗、体験できるなど、楽しいアトラクションもいっぱい。さまざまなイベントも開催されており、車が好きなら１日中楽しめるぞ。

航空科学博物館

所在地：千葉県山武郡芝山町岩山111-3
ＴＥＬ：0479-78-0557
アクセス：JR総武線・成田線、京成線「成田空港」「空港第2ビル」、芝山鉄道「芝山千代田」よりバス
開館時間：10:00～17:00（入館は16:30まで）
休館日：月曜日（祝日の場合は翌日）年末年始（12月29日～31日）
入館料：大人500円、中高校生300円、子ども（4歳以上）200円
Ｈ　Ｐ：http://www.aeromuseum.or.jp/

ジャンボジェット機を 操縦してみよう！

航空科学博物館は、「航空」に関する様々な展示を見ることができるユニークな博物館だ。

例えば、ジャンボジェット機・ボーイング747の胴体を切り取った断面展示があったり、コクピットに座り、ボーイング747の大型模型を操縦したりと、なかなかできない体験をすることができる。ほかにも小学生のための企画が数多く用意されているので、ぜひ一度訪れてみてほしい。

玉川聖学院 中等部　〒158-0083　東京都世田谷区奥沢7-11-22　☎03-3702-4141
http://www.tamasei.ed.jp

＊2013年度入試が形態が大きく変わります！
入試説明会にぜひお越しください。

◆入試説明会日程◆
11/ 2（金）19：00～　11/24（土）9：00～
12/ 8（土）10：00～　1/11（金）10：00～

2012年入試合格実績
国公立大学
千葉１名、電気通信１名、東京学芸１名、神奈川県立保健福祉１名
私立大学
早稲田１名、国際基督教１名、東京理科１名、立教３名、中央３名
明治３名、青山学院10名、法政３名、学習院２名　他

◆2013年度入試要項◆

	募集人員	入試科目	入学試験日	合格発表日
第1回	約90名	2科/4科 選択・面接	2月1日（金）午前	2月1日（金）
第2回	特に定めず	2科（総合学力試験）面接	2月1日（金）午後	2月1日（金）
第3回	約30名	2科/4科 選択・面接	2月2日（土）午後	2月2日（土）
第4回	約20名	2科/4科 選択・面接	2月4日（月）午前	2月4日（月）

Nihon University Buzan Girls' Junior High School

日本大学豊山女子中学校

学校説明会

● 10:00　本校講堂　保護者・受験生対象

平成24年　**11月24日(土)・12月8日(土)**

平成25年　**1月12日(土)**

※学校説明会開催日の「赤羽駅」「練馬駅」からのスクールバスは運行しておりません。お帰りの際は、JR線「赤羽駅」、都営大江戸線・西武池袋線「練馬駅」行きのスクールバスの運行を予定しております。

※ 説明会終了後に個別面談・施設見学ができます。予約不要。

入試日程

● 入学手続　2月9日(土)12:00まで

		募集人数	試験科目
第1回	平成25年 **2月1日(金)**	70名	4科(国・算・社・理)
第2回(午後入試)	平成25年 **2月2日(土)**	20名	2科(国・算)
第3回	平成25年 **2月3日(日)**	50名	4科(国・算・社・理)
第4回	平成25年 **2月4日(月)**	20名	4科または2科(国・算・社・理)(国・算)

※詳細は募集要項でご確認ください。

学校見学

● 平日　9:00～16:00　● 土曜日　9:00～12:00

随時受け付けています。事前に電話予約をお願いします。

〒174-0064 東京都板橋区中台3丁目15番1号　TEL・03-3934-2341　FAX・03-3937-5282

http://www.buzan-joshi.hs.nihon-u.ac.jp/

日大豊山女子　検索

▼携帯サイトへ

● 東武東上線「上板橋」駅下車 徒歩15分　● 都営三田線「志村三丁目」駅下車 徒歩15分
● JR「赤羽」駅西口より高島平操車場行きバス「中台三丁目」下車 徒歩5分
● 西武池袋線「練馬」駅より赤羽行きバス「志村消防署」下車 徒歩10分

赤羽・練馬よりスクールバス運行
JR赤羽駅 ↔ 本校バスロータリー　15分
練馬駅 ↔ 本校バスロータリー　20分

■ 第４回学校説明会　11 月 15 日(木)　10：30～
※11 月５日(月)より HP で申込み受付開始。

■ ６年生対象入試対策説明会　12 月１日(土)　①10：00～
※①・②は同一内容。　②14：00～
※11 月 19 日(月)より HP で申込み受付開始。

■ 紫紺祭(文化祭)　11 月３日(土)・４日(日)
※予約不要。ミニ説明会あり。

明治大学付属
明治中学校

for the NEXT
100th Anniversary
Meiji University Meiji High & Junior High School

〒182-0033 東京都調布市富士見町4-23-25
TEL:042-444-9100(代表) FAX:042-498-78
■京王線「調布駅」「飛田給駅」JR中央線「三鷹駅」よりスクールバス
http://www.meiji.ac.jp/ko_chu/

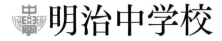

巣園創立100年
第二世紀の開幕
建学の精神を支柱に更なる飛躍へ
新校舎の建設も開始
＜2016年度完成予定＞
巣鴨中学校
新校舎建設に伴い平成24年9月より2年間
浮間校舎にて授業を行います。
学校説明会のお知らせ
2012（平成24）年
11月10日（土）
巣鴨中学校浮間校舎講堂にて
午前10時より
授業をご参観頂けます。
●参加申込は不要です。 ●恐れ入りますが、上履きをご持参ください。
場所 巣鴨中学校浮間校舎講堂
交通 ●JR埼京線：浮間舟渡駅より徒歩1分
〒115-0051 東京都北区浮間4丁目29番30号 TEL 03-5914-1152
本校
交通 ●JR山手線：池袋駅より徒歩15分・大塚駅より徒歩10分
〒170-0012 東京都豊島区上池袋1丁目21番1号 TEL 03-3918-5311
http://www.sugamo.ed.jp/
2013（平成25）年 入学試験
第Ⅰ期：2月1日（金）/120名/4科目
第Ⅱ期：2月2日（土）/120名/4科目

ここから始まる　未来への道
TEIKYO JUNIOR HIGH SCHOOL

学校説明会

11月　4日（日）11：00～
11月24日（土）13：30～
12月　8日（土）13：30～
1月12日（土）13：30～

合唱コンクール

11月21日（水）
10：00～12：00
会場：川口総合文化センター

平成25年度入試要項（抜粋）

	第１回	第２回	第３回	第４回
	午前	午前	午後	午前
入試日時	２月１日（金） 午前８時30分集合	２月２日（土） 午前８時30分集合	２月２日（土） 午後３時集合	２月４日（月） 午前８時30分集合
募集人員	男・女80名	男・女50名	男・女50名	男・女10名
試験科目	２教科型（国・算・英から２科目選択） または ４教科型（国・算・社・理）	２教科型（国・算・英から２科目選択） または ４教科型（国・算・社・理）	２教科型のみ	２教科型 または ４教科型
合格発表	午前入試：校内掲示・携帯webともに午後２時 午後入試：携帯webは入試当日午後８時30分、校内掲示は入試翌日午前９時			

TEIKYO
帝京大学系属
帝京中学校

〒173-8555 東京都板橋区稲荷台27番1号　TEL. 03-3963-6383
● JR埼京線『十条駅』下車徒歩12分
● 都営三田線『板橋本町駅』下車A1出口より徒歩8分
http://www.teikyo.ed.jp

$\frac{13}{54}$だけ使ったことになるので、1日あたりでは

$\frac{13}{54} \div 39 = \frac{13}{54} \times \frac{1}{39} = \frac{1}{162}$ずつ使う。

したがって、全体を使いきるには

$\frac{7}{18} \div \frac{1}{162} = \frac{7}{18} \times 162 = 63$日

答え　63日

解法のポイント

「割合と比」に関する問題です。問題文にしめされている数量関係を線分図にしてみることで、分りやすくなります。分数計算で分母がやや大きな数になるのですが、計算は単純ですので、あわてずにていねいに計算するようにしましょう。

分りやすくするため（1）では、1日あたりシャンプー全体のどれだけを用いたかを求めて式をたてましたが、別解としては、39日間で使った量と残りの量の比を求め、そこから残りの量を使いきるのに何日かかるかを求める方法もあります。この時は、39日を加えるのを忘れないようにしましょう。

（1）別解

$\left(\frac{8}{13} - \frac{4}{27}\right) : \frac{4}{27} = 13 : 8$

$39 \times \frac{8}{13} = 24$（日）

$39 + 24 = 63$日

答え　63日

（2）シャンプーとリンスの使用量の比は4：3なので、シャンプーを（1）の$\frac{7}{18}$だけ使う間に、リンスはその$\frac{3}{4}$となります。

$\frac{7}{18} \times \frac{3}{4} = \frac{7}{24}$

この関係を図にしめすと〔図2〕のようになります。

〔図2〕

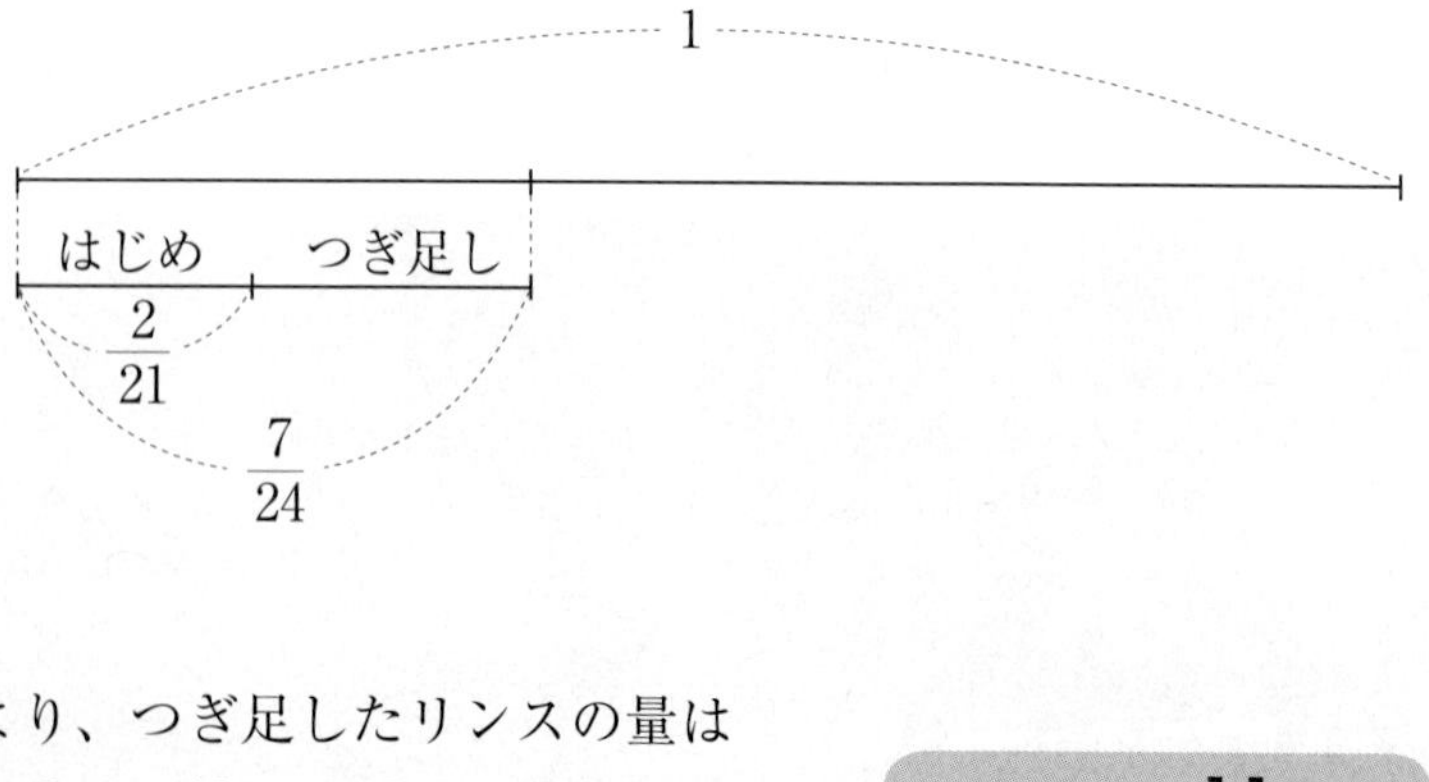
1
はじめ
つぎ足し
2/21
7/24

〔図2〕より、つぎ足したリンスの量は

$\frac{7}{24} - \frac{2}{21} = \frac{49}{168} - \frac{16}{168} = \frac{33}{168} = \frac{11}{56}$

答え　$\frac{11}{56}$

MJ
武蔵野女子学院中学校
自分のままで、自分を伸ばす。
<高校>■進学コース ■薬学理系コース
〒202-8585 東京都西東京市新町1-1-20
TEL.042-468-3256・3377(直通)
http://www.mj-net.ed.jp/
学校説明会 予約不要
1/27(日)10:00～
ミニ説明会 要予約
1/11(金)14:00～
見学会・体験授業
＊11/17(土) 8:30～
授業・クラブ見学会
11/23(祝)10:00～
体験入学&入試問題解説授業
12/23(日)10:00～
2013年度 入試の傾向
＊11/17の「クラブ体験」は要予約
武蔵野大学(薬・看護・文・政治経済・人間科学・環境・教育・グローバルコミュニケーションの8学部)との併願優遇制度を利用して、ワンランク上の進路実現へ
2013年度 募集要項
募集人員 入試科目 入学試験日
1回女子100名 2科 / 4科 2/1(金) 午前
2回女子 20名 2科 / 4科 2/2(土) 午前
MJスカラ① 女子 40名 2科 2/1(金) 午後
MJスカラ② 女子 20名 2科 2/2(土) 午後
MJスカラ③ 女子 10名 2科 2/3(日) 午後
＊合格発表は試験日当日になります。
●学校相談随時受付
事前にお電話にてお申し込みください。

武蔵野東中学校

夢を、現実に。

15歳のチャレンジスピリット
難関高校に挑戦

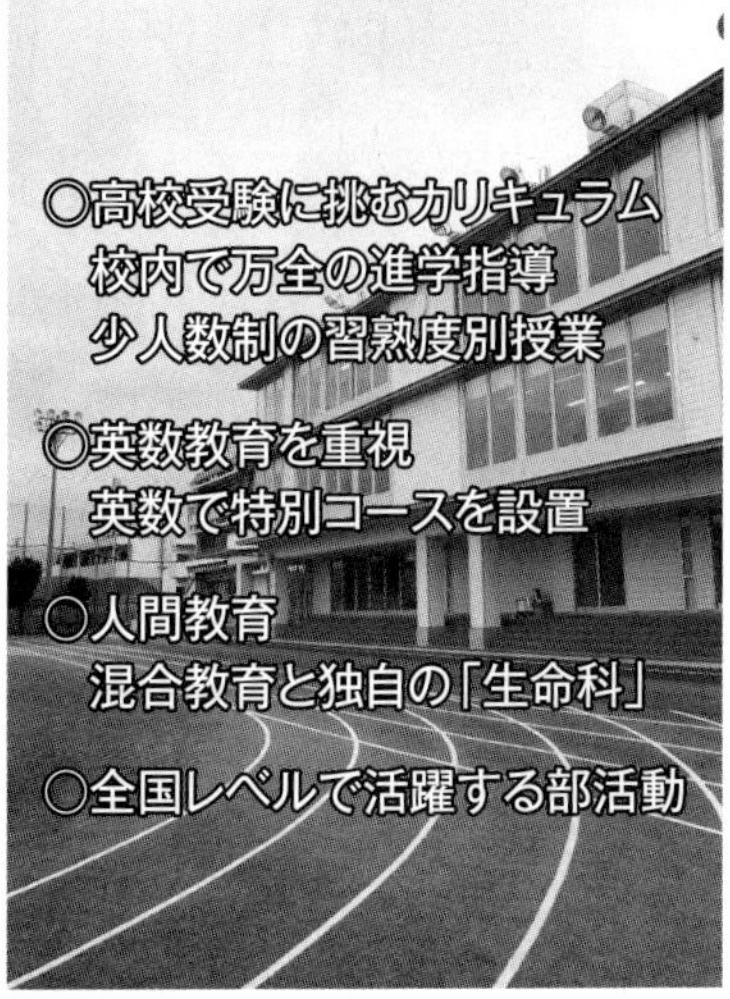
◎高校受験に挑むカリキュラム
校内で万全の進学指導
少人数制の習熟度別授業
◎英数教育を重視
英数で特別コースを設置
◎人間教育
混合教育と独自の「生命科」
◎全国レベルで活躍する部活動

学校説明会 ※申し込み不要

11月28日(水)
12月14日(金)
1月12日(土)
各回とも 10:00～12:00

入試問題解説講座 ※要 申し込み

12月 8日(土)
1月12日(土)
各回とも 9:00～12:00

〔内容〕
・入試問題解説とステップアップテスト

学園祭(模擬店、催し物)

11月11日(日) 10:00～14:30

武蔵野東中学校
〒184-0003 東京都小金井市緑町2-6-4
TEL 042-384-4311
FAX 042-384-8451
http://www.musashino-higashi.org/chugaku/php
交通 JR中央線東小金井 北口下車 徒歩７分

中学入試 この問題解けるかな？

雙葉中学校 2012年算数③より

問題

2個の容器A，Bは同じ容器で，Aにシャンプー，Bにリンスが入っています。シャンプーとリンスは毎日決まった量を使い、その比は4：3です。はじめ，シャンプーは容器の$\frac{7}{18}$，リンスは容器の$\frac{2}{21}$入っていましたが，39日使った後ではシャンプーは容器の$\frac{4}{27}$残っていました。リンスは無くなる前につぎ足しました。

(1) シャンプーがちょうどなくなるのは，はじめから何日使った後ですか。(式と計算と答え)

(2) シャンプーとリンスが同じ日にちょうどなくなりました。リンスはなくなる前にどれだけつぎ足しましたか。Bの容器を1として分数で答えましょう。(式と計算と答え)

解答と解説

ちょっと見ると分数が含まれていて複雑そうに見えますが、図を書いて順序立てて考えていくと、答えにいたります。設問の指示に途中の式も書くように求められていることにも注意してください。

(1) 容器全体の容積を1として、シャンプーの量の関係を図に示すと〔図1〕のようになります。

〔図1〕

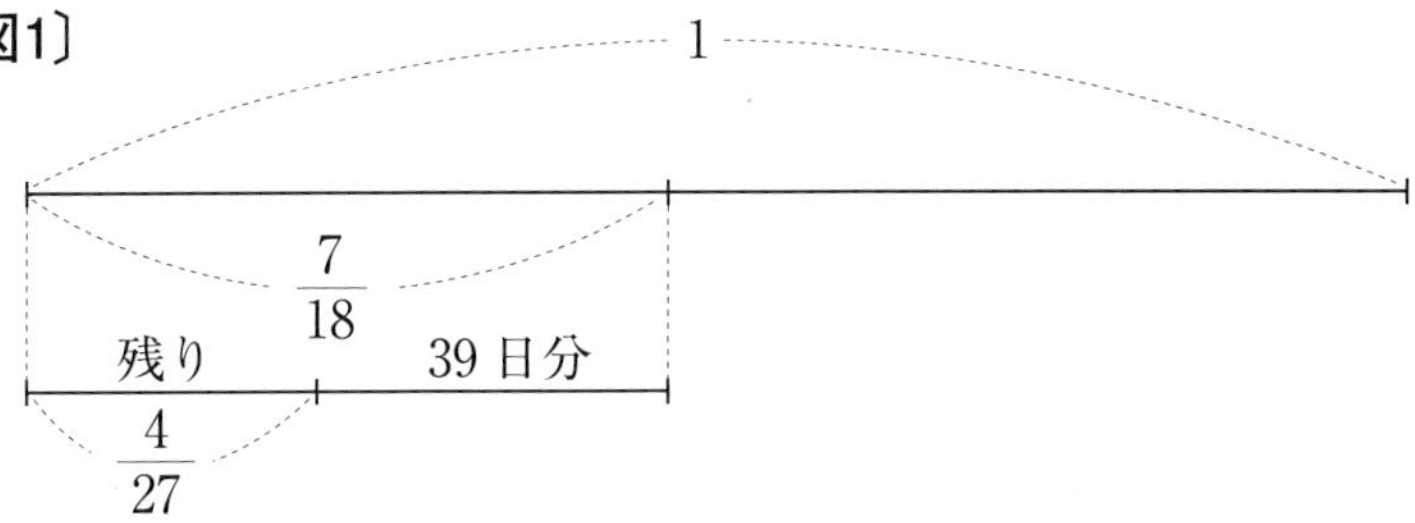
1
$\frac{7}{18}$
残り
39日分
$\frac{4}{27}$

シャンプーの使用量は、39日では$\frac{7}{18}-\frac{4}{27}=\frac{21}{54}-\frac{8}{54}=\frac{13}{54}$

MOTHER PORT SCHOOL
2013
SENZOKU
生き方の方向を見定め、知恵と力を養う中高の６年間。
その教育の真価を見極めるには、長い時間が必要となります。
今、洗足は、最良の教育を求めて進化し続けるとともに、
卒業後のフォローとケアにも取り組み始めています。
洗足は、６年で終わらない学校、生涯の母港となる学校です。
www.senzoku-gakuen.ed.jp
Information 2013
●学校説明会　[一般]：11/24(土)14:00〜
[帰国]：11/ 6(火)10:00〜
●入試問題説明会：12/23(日)※小6対象・要予約
〒213-8580 神奈川県川崎市高津区久本2−3−1　Tel.044-856-2777

人間力、輝かせよう。

一人ひとりの学力を伸ばし、個性を膨らませる。
独自の教育方針で、人間力を豊かに育みます。

2013年度 学校説明会日程

❇ 中学校 ❇

● 中学受験生・保護者対象
（場所：本校）10:30～

10月30日(火)　※11月18日(日)
12月12日(水)　1月 9日(水)

※印の説明会では英語の体験学習を行います。

❇ 見学のできる行事 ❇

イングリッシュ・ファンフェアー	11月10日(土)
球技大会／駒沢体育館	11月20日(火)
英語祭	12月 8日(土)
百人一首大会	12月20日(木)
スピーチコンテスト	3月 9日(土)

2013年度中学入試要項

募集人員	入試科目	入学試験日
第1回30名	4科	2/1（金）A（14：00） 2/1（金）B（15：00）
第2回50名	2科 または 4科	2/2（土）9：00
第3回35名	4科	2/3（日）9：00
第4回31名	4科	2/5（火）9：00

※合格発表は入学試験当日になります。

連絡を頂ければ随時、学校説明をいたします。
また、学校見学もできます。

八雲学園 中学校 高等学校

〒152-0023 東京都目黒区八雲2丁目14番1号　TEL.(03)3717-1196(代)　http://www.yakumo.ac.jp

熟語パズル

答え

問題は86ページ

雨	風	■	画	一	的
天	下	一	■	進	■
■	■	心	機	一	転
■	一	同	■	退	出
立	方	体	■	■	届

左の表が答えだよ。今回、初めて目にする熟語はあったかな。

【主な熟語の意味】

■四字熟語

風下（かざしも）＝風の吹いていく方向。「かざした」とも読むが、「かぜした」とは読まない。

退出（たいしゅつ）＝ 今までいた場所から出ること。特に公の場所から出ること。「法廷から□□する」

■三字熟語

画一的（かくいつてき）＝何もかも一様で、個性や特徴なくひとつの枠にはめこむさま。

天下一（てんかいち）＝この世に比べるものがないほど優れていること。

■四字熟語

心機一転（しんきいってん）＝何かをきっかけに、気持ちがすっかり変わること。「心気一転」や「新気一転」「新規一転」といった誤りが多い語。

86ページの**【例】**に出てきた熟語、**士族**（しぞく）は社会科で習うよ。江戸時代まで武士だった者に、明治維新後、与えられた族称のことだ。

言質（げんち）は「げんしつ」とも読むけど、「のちの証拠となる約束した言葉」のこと。「交渉相手の□□を取る」などと使う。

一言居士（いちげんこじ）は、何事にも必ず何かひと言言わなければ気が済まない人のこと。「いちごんこじ」とも読む。

新たな100年を歩み始めました

森村学園は2010年に創立100周年を迎え、これまでの伝統を重んじていきながら更に進化し続けます。広大な土地に豊かな自然、新たな校舎という充実した教育環境の中で生徒たちの夢の実現をしっかりとサポートしていきます。完全なる中高一貫教育の中で生徒たちは豊かな創造力と高い志を育み未来に躍進していきます。

学校説明会（入試問題解説会）

12月 2日（日） 14:00～16:00

学校見学会

◎日程は当ウェブサイトでご確認ください。

◎室内履きと下足袋をご持参ください。

◎見学ご希望の方は当日受付にてその旨お申し出下さい（事前予約不要）。

平成25年度　入試日程

第1回	第2回	第3回
2／1（金）	2／2（土）	2／5（火）

帰国生入試　1月5日（土）

森村学園

中等部・高等部

〒226-0026 神奈川県横浜市緑区長津田町 2695
TEL：045-984-2505　FAX：045-984-2565
Eメール：koho@morimura.ac.jp
http://www.morimura.ac.jp

早稲田アカデミー
アルゴクラブ担当 蛭田洋介の
子どもたちに対する思いにせまる

私の原点

「楽しみながら学習」し、「自分から取り組むこと」ができる習慣を身に付けてほしい

私は教育学部出身で、学校の先生を志望していました。そういった中で教育全般に興味を抱き、その一つとして進学塾がありました。塾というと勉強だけを教える場という印象が強く、幅広く人間教育を行っていく学校の先生には及ばないだろうと思っていました。しかし、早稲田アカデミーの説明会に参加して、その思いは吹き飛ばされました。「学習することを通じて、物事に真剣に取り組むことができる子供たちを育てる」ことを目標にし、「他に頼ることなく自分でやり通すことのできる子どもたちを育てたい」という思い。そういった数々の理念に触れることで、早稲田アカデミーで働きたいと思うようになりました。

実際にその思いがかない、早稲田アカデミーで教える立場になりました。まだ幼い生徒が、学力だけではなく、精神面での成長を実感したエピソードがあります。小学校4年生の夏期合宿に参加した時のことです。その際、自分が所属していた校舎で教えている生徒が同じホテルで参加していました。その生徒は普段からだらしなく、宿題もなかなかこなせず、授業中の集中力も今一歩という状況でした。しかし、合宿で彼は班長になりました。お風呂に並んで行く際、彼が「真っ直ぐ整列！」と指示を出していたんですね。合宿から戻ってきても、やはり勉強に対する取り組み方、姿勢が大きく変わりました。4年生にとって、親元を離れての3泊4日はやはり大きな経験だったのです。

さて、私が現在担当しているアルゴクラブでは、アイキューブ、ピーキューブというピースを組み立てる教具があります。複雑なので、子どもたちも苦労しているのですが、前週は組み立てられなかったのに、家庭で練習して、できるようになった姿を見たり、職員から授業でがんばっている様子を聞いたりすると、子どもたちの成長を実感することができます。こういった場面で子供たちを褒めてあげると、本当に目を輝かせます。子供たちの側にいて、週単位で成長していく姿を見届けることができる。これがアルゴクラブの魅力だと思います。

近年の中学入試では、暗記だけでは対応できない、思考力が問われる問題が数多く出題されています。アルゴクラブでは、楽しみながら「柔軟な発想力」、「試行錯誤を繰り返す習慣」、そして、「論理的な思考力」を養うことができます。「勉強」と聞くとマイナスの印象を持ってしまいがちですが、低学年のうちから、「楽しみながら学習」し、「自分から取り組むこと」ができる習慣が身に付けば、おのずと学力は向上していきます。子どもたちの将来を支える土台を、早稲田アカデミーのアルゴクラブを通じて身に付けてもらいたいと願っています。

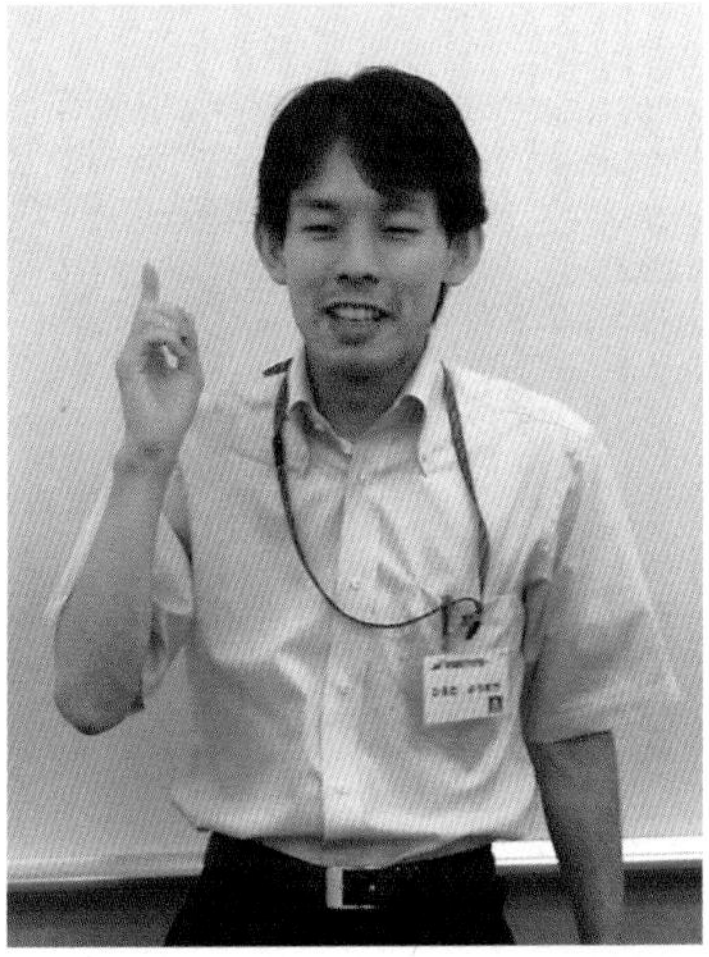

ピーキューブに取り組んでいる様子

授業前のプリント学習

INFORMATION

アルゴクラブ説明会・体験会

11/25(日) TKP東京駅ビジネスセンター１号館

※詳細は早稲田アカデミーのホームページをご覧ください。

将来、目指しているのは

獣医さんになること。

花マル小学生

玉川《たまがわ》 智絵《ちえ》さん

早稲田アカデミー 平和台校 小4

とても仲の良いお二人です

つい花マルをあげたくなってしまうほど頑張っている
小学生を紹介するコーナーの『花マル小学生』。
今回は玉川智絵さんとお母様にお話をうかがいました。

現時点での目標はＹＴ公開組分けテストで塾内1位になること！
人の役に立ちたいという思いを常に抱いている智絵さん
将来は「**獣医になりたい**」と語ってくれました

自分から進んで勉強しています！

――早稲田アカデミーに通塾を開始したのはいつからですか。

お母様　小学校3年生の秋に全国統一小学テストを受験し、その流れで11月から入塾しました。

――得意科目と不得意科目、好きな科目と嫌いな科目を教えてください。

智絵さん　算数が好きです。不得意科目や嫌いな科目はありません。

お母様　各科目において、実際の生活と結び付いた「体験」をさせることで、どの科目にも興味を失わずにいてもらえればと思っています。

――勉強は家のどこでされていますか。

智絵さん　リビングです。

お母様　リビングなら、分からないところをすぐ家族に質問できるので、勉強しやすいようです。

――1週間のタイムスケジュールを簡単に教えてもらえますか。

智絵さん　毎朝6時半に起きて、算数の計算問題を解いています。

お母様　朝学習も含め、勉強はすべて本人の意思です。親としては、本人の姿勢をできる限り尊重したいと思っています。

――勉強でわからないことが出てきたら、誰に教えてもらいますか。

智絵さん　両親やお兄ちゃんに教えてもらいます。

お母様　大学生の兄達がいるので、よく質問していますね。

目標はYT公開組分けテストで塾内1位を取ること

―早稲田アカデミーに通って良かったと思うことを教えてもらえますか。

智絵さん　学校の勉強が分かりやすくなりました。

お母様　校舎で尊敬できる先生や事務の皆さんにお世話になれたこと、そして、同じ目標を持つ仲間と切磋琢磨できていることが良かったと思っています。

―YT教室※を受講して良かったと思われることがあれば教えていただけますか。

智絵さん　単元ごとの復習ができるので、授業がよく理解できるようになりました。

お母様　YTテストで間違えたところの見直しを必ずしているので、その反復が学習内容の定着につながっていると思います。

―テストで良い点数を取るコツやテスト前日に必ずしていることは何かありますか。

智絵さん　算数と理科、社会はお母さんに問題を出してもらっています。

お母様　問題を出してほしいと頼まれるので、その週に学んだ内容などから問題を出すようにしています。たとえば、算数の場合は教科書に載っている問題を出したり、私が問題を作ったりしています。

楽しそうに語ってくれました

YT教室の表彰状とマンスリーテストの表彰（小3）

―ライバルはいますか。

智絵さん　同じクラスのみんながライバルです。

―目標を教えてください。

智絵さん　志望校合格が一番大きな目標です。当面、YT公開組分けテストで塾内1位を取ることが目標です。

―お父様とお母様のご家庭における役割を教えていただけますか。

お母様　主人は仕事で忙しいので、主に私が娘のサポートをしています。今、学習している内容は、今後、学習していくうえで基礎になると思っているので、しっかりと身につけさせたいですね。

自由時間には好きなコミックを読んで頭と心をリフレッシュ！

―家族のなかで、智絵さんの役割は何かありますか。

お母様　特に決めていませんが、「手伝えるときには手伝う」という形でお手伝いをさせています。

―今、一番熱中していることは何ですか。また、何をしている時が一番楽しいですか。

智絵さん　小学館コミック『ちゃお』を読んでいるときが一番楽しいです。

―好きなテレビ番組はありますか。

智絵さん　『ドラえもん』はたいてい見ています。

―独自のモチベーションアップ法はありますか。

智絵さん　テストを受ける前には、必ず目標を立てるようにしています。

将来は獣医になりたい

―志望校は決まっていますか。

智絵さん　桜蔭中学校です。

お母様　これからの様子を見て、最終的に小6の段階で、娘に合った学校に決めたいと考えています。

―将来、やってみたい仕事はありますか。

智絵さん　獣医になりたいです。

お母様　このところ家族に病人が多く出たため、病院へ行く機会が度々ありました。その時、看護士さんが丁寧にサポートしてくれた様子を見て、自分も人や動物を助ける仕事がしたいと感じたようです。

―将来の夢はありますか。

智絵さん　海外留学したいです。

お母様　視野を広げ、語学を身につけるためにも、できればホームステイ等を経験させたいと思っています。

―智絵さんにはどんな大人になってほしいと思われますか。

お母様　目標に向かって努力することで自信を身につけ、少しでも社会の役に立てる大人になってほしいと思います。

※YT教室
四谷大塚が主催するテストで、週ごとに学習した内容の定着度を確認することができる。

玉川家の学習スタイル

学習は自主的に自ら楽しく学ぶことができると良いと思います。そのためにも、親が共に学ぶ姿勢を持ち、強制しないようにしています。

プリント類は自分で整理整頓しているそうです。合宿のハチマキを見て、「やる気」アップ！

各種検定の賞状。家族合格表彰もあります

公開！

玉川智絵さんの1週間

	月曜日	火曜日	水曜日	木曜日	金曜日	土曜日	日曜日
6:00							
	勉強	勉強	勉強	勉強	勉強		
7:00	朝食	朝食	朝食	朝食	朝食		
	学校の準備	学校の準備	学校の準備	学校の準備	学校の準備	朝食	朝食
8:00	学校	学校	学校	学校	学校	自由時間	自由時間
9:00							
10:00							
11:00							
12:00						昼食	昼食
13:00						YTの準備	
						YT	
14:00							
15:00			自由時間				
16:00	自由時間	塾の準備		塾の準備	自由時間		
		早稲田アカデミー		早稲田アカデミー		勉強	
17:00							
	勉強		勉強		勉強	自由時間	勉強
18:00	夕食		夕食		夕食		夕食
	勉強		勉強		勉強	夕食	勉強
19:00	自由時間		自由時間		自由時間	自由時間	自由時間
20:00	勉強		勉強		勉強		勉強
	自由時間	自由時間	自由時間	自由時間	自由時間		自由時間
21:00	勉強						
	入浴	入浴	入浴	入浴	入浴		入浴
22:00	就寝	就寝	就寝	就寝	就寝	入浴	就寝
						就寝	
23:00							
24:00							

誰もが抱える悩みをパパッと解決！

福田貴一先生の福が来るアドバイス

子どもたちの一番の理解者、良きコーチになりましょう！

早稲田アカデミー
千葉ブロック統括責任者
福田　貴一

必死に勉強する子どもの姿を見て、「勉強は子どもにしかできない。勉強しやすい環境を整えるのが私の役目」と考えていませんか？ たしかに中学受験するのは子ども本人です。しかし、その日を迎えるまでに保護者の方々ができること、すべきことは体調管理や塾への送り迎えだけではありません。では、子どもたちの一番の理解者として、何に心がけ、どのようにはたらきかけるべきか、このことについて考えてみましょう。

成功体験でモチベーションアップ！

子どものモチベーションをアップさせるには、どうすれば良いでしょうか。

最も簡単な方法の一つが「褒める」です。たとえば、いつもよりテストの点数が良かったとき、「すごい！頑張ったね」と褒める、苦手な教科の勉強をしているのを見たときに「頑張っているね」と声をかける――。保護者の方からすれば何気なく発した言葉でも、子どもにとっては「お母さん、お父さんに褒められる」のはとてもうれしいこと。「もっと頑張ろう」「もっと褒めてもらいたい」と、学習に対するモチベーションアップにつながるはずです。

なぜ、褒められると学習意欲が高まるのでしょうか？ これは、子どもも大人も同じですが、他人から褒められると、「努力して良かった」「頑張ったかいがあった」と、良い経験として記憶に残るからです。つまり、成功体験を積み重ねることで、自分に自信を持つことができるようになり、モチベーション向上につながっていくのです。

モチベーションは達成感や充実感でもアップする⁉

モチベーションをアップさせようと、毎日、宿題をしている子どもを褒めても、そのうちに褒められることに慣れてしまい効果は少なくなります。テストの点数についても同じことです。そこで、「褒める」と並行して取り入れることをお勧めするのが、子どもたちが自分の取り組み方次第で成功体験を積むことができる「学習計画表」を作成することです。

この学習計画表を作る目的は、「安心して毎日の生活を送るため」です。というのも、子どもたちには、学校でも塾でも、行くたびに宿題が出されます。そのため、一度宿題が溜まり始めると、「終わっていないのに、また新しい宿題が出た」と、宿題に追われている気分になってしまいます。そのうちに、友だちと遊んでいても就寝中でも「宿題ができてない…」という思いが頭から抜けなくなり、身体や心に大きな影響を与えてしまうかもしれません。

しかし、塾から出される宿題は、どんなに量が多く見えても、終わらせられない量が出ることはありません。まずは全体量を把握し、それを提出までの日数で割れば、それほど多くはないはずです。そして、このようにあらかじめ1日の宿題の分量が目に見えてくれば、「今日の分はこれだけ。家に帰ってからやればできる」と遊びも心から楽しめるようになります。何よりも、その日にやるべきことが終われば、「今日の分が終わった！」という安心感や満足感、充実感、達成感を味わうことができ、それが「やればできる」といった成功体験につながります。

もちろん、この成功体験もモチベーションアップにつながるので、ぜひ学習計画表を作成してみてください。

成長過程に合わせた成功体験がカギ

何をもって成功体験とするかは、子どもの成長過程によって異なります。

乳児から幼児、小学校低学年頃までの基準は、親や先生など周りの大人に褒めてもらうことにあります。たとえば、積み木で何かを作り、親に「見て！見て！」と自慢するのはその一例です。次の成長段階としては、隣の子と比べるようになります。それが小学校4年生から5年生、遅い子どもならば中学生になる頃です。「あの子に負けないように頑張る」といったライバル心の芽生えがそれにあたります。そして最終段階として、他人ではなく過去の自分と比較

するようになります。言うまでもありませんが、「頑張ったから成績が伸びた」、これは過去の自分と比較しているからこそ出る言葉です。

　また、塾に通っている子どもであれば、最も達成感や充実感を感じるのは夏休みに行われた合宿などのイベントかもしれません。たとえば、早稲田アカデミーの夏期合宿は、かなりハードな勉強中心のスケジュールですが、それを乗り越えた経験は、その後のモチベーションアップにつながる成功体験になっていることでしょう。とはいっても、「夏期合宿に参加＝成績アップ」ではありません。成績が伸び悩むなどの壁にぶつかったとき、「あれだけのことをやり遂げた」という記憶が「今度も頑張ろう」という思いにつながり、乗り越えるための努力ができる―。これが成功体験なのです。

まずは子どもを理解しましょう！

　当然のことですが、〝子ども〟にも個性があるため、他人はもちろんのこと、兄弟姉妹でも異なる性格を持っています。そのため、他の子どもが成功したからと言って、別の子どももその方法でうまくいくとは限りません。自分の子どもの個性をしっかりと把握し、その個性に合わせた成功体験を積ませることが非常に大切です。

　そのためには、まずは子どもの声に耳を傾けてください。そして、会話が一方通行、つまり、親が言いたいことばかりを子どもに伝え過ぎていないか、注意してみてください。「～しなさい」「～やったの？」ばかりを親が言うと、子どもはなかなか自分のことを話さなくなります。また、「どうだったの？」と聞くことそのものは良いことですが、たとえば、読書した感想を「どこが良かった？」「どうしてそうなったと思う？」などのように聞き過ぎてしまうと、今度は親に聞かせるためだけに読書をするようになる危険性があります。できれば、聞かなくても子どもから話し始める―、そのような環境を整えたいものです。

理解のある良きコーチが理想

　「保護者はコーチ」とよく言われますが、この場合の『コーチ』とは指導者ではなく、一番の理解者を指します。つまり、「保護者はコーチ＝一番の理解者」です。

　しかし、子どもの個性についてどんなに理解していても、「何のために何をしているのか」が子どもや塾、学校とずれてしまっては、良きコーチとは言えません。たとえば、子どもは小学校高学年や中学生になると、「なぜ勉強するのだろう」と疑問を持ち始めます。それを聞かれたとき、親としてはどのように答えれば良いのでしょうか？「○○中学（高校）に行くため」、たしかに正しい答えかもしれませんが、これは将来的な目標ではありません。できれば、「あなたの可能性を奪わないため」と答えてください。

　「可能性を広げる」と答える方もいらっしゃるでしょうが、実は生まれたときは皆、平等に可能性を持っています。ただ、そこからいろいろな選択をしていくなかで、可能性がだんだん狭まっていくのです。そして、ときには、一番の理解者であるはずの周りにいる大人が、無意識に可能性を摘んでしまうこともあるのです。「それは無理でしょ」「本当にできるの？」などの言葉、子どもに言ったことはありませんか？これはすべて、子どもの可能性を奪う言葉です。不用意に口にしないように心がけましょう。

　「DREAM CAN DO. REALITY CAN DO.（思い描いたものは、実現できる）」。これは、NASAのラングレー研究所の門に刻まれている言葉だそうです。子どもたちが、輝ける将来に向けて大きな夢や目標を描けるよう、子どもたちの一番の理解者、良きコーチになれるよう、努力してみませんか。

ブログ 福田 貴一の 四つ葉café 公開中！

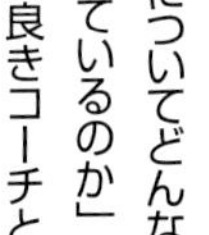

中学受験をお考えの小学校３・４年生のお子様をお持ちの保護者のためのブログです。

小３・小４担任者　福田 貴一

中学受験に関するブログを公開しております。
このブログでは、学習計画の立て方、やる気の引き出し方、テストの成績の見方、学校情報など、中学入試に関する様々な情報をお伝えします。

早稲田アカデミーホームページ・四つ葉 café にて公開

詳細はホームページをご確認ください。 早稲田アカデミー 検索

私学特派員レポート vol.38

IN 法政大学中学校

共学校

76年の歴史と伝統を誇る法政大学中学校。建学の精神「自主・自律」のもと、自由な発想から日本や世界の発展に貢献する人材を育てます。

早稲田アカデミー三軒茶屋校の卒業生で、現在、法政大学中学校３年生の丹原徹哉君に学校の魅力を紹介してもらいました。

キャッチボールやバドミントンをしている人もいます。男女問わず、交流の場です。

早稲アカOB

丹原君に３つの質問

Q 志望理由を教えてください。

A 文化祭を見学した時、生徒主体で運営している自由な雰囲気に憧れました。また、小学生の頃から吹奏楽部に興味があり、ブラスバンド部があることも志望した理由の一つです。

Q 入学後、どんなところに自分の成長を感じますか?

A ブラスバンド部に入部して、先輩と接する機会が増え、挨拶などの礼儀が着実に身についてきたと日々実感しています。

Q 法政大学中学校を目指す生徒へメッセージをお願いします。

A 基礎を身につけることが一番大切です。理・社は過去問をひたすら解いて、復習しました。また、社会では時事問題が出題されるので、ニュースをいつも見るようにすると良いでしょう。

中庭

法政大学中学校の中で、一番好きな場所です。昼休みや放課後に、中庭で友だちと遊んだり、話したりすることがとても楽しいからです。また、その楽しい空間の中にあるオシャレなオブジェや池がお気に入りです。

食堂

食堂は、日当たりが良く、おしゃれな内装のため、人気があるスポットです。原則、お弁当持参ですが、食堂を利用したり、売店で軽食を買うこともできます。

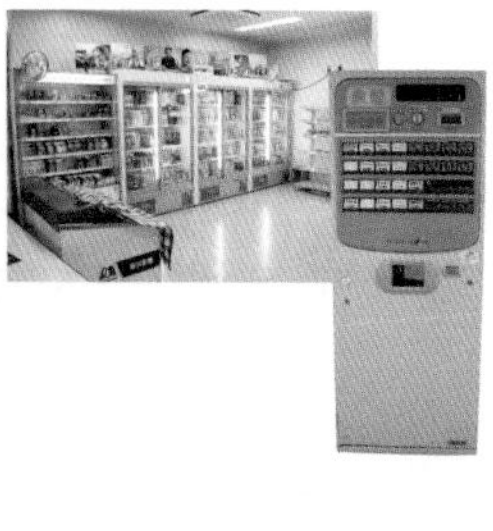

Campus Life

教室

英語の授業では、文法を学ぶ以外にも、スピーチコンテストやブックレビュー、プレゼンテーションなどから、海外の日常生活でも活用できる英語を学んでいます。

図書室の方が作成している「読書への扉」という冊子では、先生や生徒がオススメの本を紹介しています。

図書室

太陽の光が優しく差し込む、明るく開放的な図書室です。自主学習に集中して取り組むことができる環境のため、テスト前はたくさんの生徒が集まります。また、パソコンを使って、法政大学から本を取り寄せることもできます。

風力・太陽光ハイブリット発電システムを設置しています。環境に配慮した施設です。

屋上庭園

草花が植えられている屋上庭園です。中庭や食堂と同様にオシャレなスポットですが、普段は開放していませんが、委員会活動などで野菜を育てる時に屋上庭園を使用します。

受験生へのメッセージ

企画運営委員　入試担当
小川　太朗先生

7割以上得点することが、合格の目安になります。問題は標準的なものが多いので、基礎をしっかりと身につけることが一番大切です。入試データを見ると、算数の結果が合否のカギを握っていると言えますが、基本問題で取りこぼしをしないことが合格への近道だと思います。入試本番では、焦らず、落ち着いて、問題に取り組んでください。

部活動

グラウンドと体育館、茶道室や弓道場など、充実した施設の多い法政大学中学校では、部活動がとても盛んです。

SCHOOL DATA

東京都三鷹市牟礼4-3-1
京王井の頭線「井の頭公園駅」下車 徒歩約12分
JR線「吉祥寺駅」下車 徒歩約20分
http://www.hosei.ed.jp/

生　掲示板

帰国生を積極的に
受け入れている学校紹介など、
帰国後の入試や学習に関する
情報を発信します！

帰国生受入れ校訪問記　跡見学園中学校

跡見学園は、明治という近代の幕開けの時代に創立され、日本の女性がどのように生きるべきかを考えた教育を行ってきました。画家であり書家でもあった跡見花蹊の教育は諸芸術による情操の豊かさと幅広い教養を習得した女性を育てることでした。開学当初から国際化ということを意識しており、現在でも課外授業でTOEIC・英検対策を行うなど国際社会で通用する実践的な英語力を鍛えることも重視しています。今回は入試広報の志村先生にお話を聞きました。

跡見学園中学校

（東京都/私立/女子校）

跡見学園は跡見花蹊によって、明治8年（1875年）に開学された東京で一番古い女子教育の学校です。幅広い教養を習得した女性を育てるという開学当初からの理念は今も変わらず実践されています。

〒112-8629
東京都文京区大塚1-5-9
（東京メトロ 丸の内線 茗荷谷駅 徒歩2分）
TEL 03-3941-8167
URL http:www.atomi.ac.jp/

帰国生受入れの歴史

壹岐　１９９年から帰国生入試を開始していますが帰国生を受け入れている趣旨をお教えください。

志村先生　まず、海外で生活してきた生徒に受験の機会を提供するということがあります。保護者と一緒に海外で生活する子どもは、様々な困難に遭遇しますし、日本に帰国してからも苦労することがあります。そのような状況を少しでも改善したいということがありました。また、海外で生活した生徒の貴重な経験を日本でも活かしてもらい、一般生と帰国生が互いに影響を与え合うような環境を作りたいと考えたことも大きいです。

つまり、帰国生を受け入れることは海外で生活してきた生徒に受験の機会を与えると同時に、学校には多様な生徒が入学することでそれぞれが刺激を与える学校環境を作ることができると考えています。

帰国生のクラス編成と英語学習

壹岐　帰国生のクラス編成と英語のプログラムについて教えていただけますか。

志村先生　跡見学園では帰国生だけのクラスを編成するということはなく、一般生と一緒のクラスで学習することになっています。このような環境を作ることでそれぞれが刺激を与え合って、クラス全体の学力とコミュニケーション能力を鍛えていくことを目標にしています。

もっとも、英語力のある生徒はその力を保持したり、伸ばしたりできるように英語のプログラムは充実しています。英語の授業では週に1回ネイティブ講師の授業を実施しています。さらに英語力を鍛えるために、課外授業では希望者全員にTOEIC講座や英検講座を用意しており、生徒の学習意欲に応える環境も整えています。他方、国語、数学、英語については学習が遅れている生徒もいるため、理解できるまで、個別に補習を行っています。具体的には、定期考査後に20名程度を指名して指導を行っています。少人数で行っているため、どこが理解できていないのかということまで掘り下げて学習していきます。教師との距離が近く質問しやすい環境なので理解も深まります。

帰国入試について

壹岐　帰国入試について教えてください。

志村先生　帰国入試の試験科目は、国語・算数・作文・面接です。海外では日本ほど学習に専念できる環境が整っていないことを考慮し、一般入試とは別に特別に入試を実施しています。入学試験は小学6年生までの教科書レベルのものです。また、作文についてはあまり難しく考えず、海外生活での思い出や中学校に入学してからやりたいことについて書いてもらうなど、生徒にとって答えやすいものになっています。

面接では、あまり難しい内容を聞くのではなく、日常生活のことなどの簡単な内容です。

壹岐　入学試験の対策としてどのようなことに取り組めばよいですか。

志村先生　入試のための学習としては小学校の学習内容となりますので、それをしっかり定着させるようにしてください。過去問を見てもらうと具体的にどの程度の難易度かがわかると思います。

壹岐　最後に受験生へ一言お願いします。

志村先生　帰国生といっても生徒が育ってきた環境は多様です。入学後はそのことを踏まえて個性を尊重して接しています。海外で生活している期間はそれぞれの国の風土や文化を身をもって感じてきてほしいと思っています。また、海外経験自体を貴重なものとして、前向きに捉えてほしいと思っています。そして、そのような経験は今後の日本の生活でも役に立つものです。

入学した後、授業についていけるか心配になるかもしれませんが、遅れている科目があっても責任を持って指導をしますので安心してください。

お話　跡見学園中学校　広報室　志村　聡先生
取材　早稲田アカデミー　教務部業務2課　壹岐　卓司

帰国生入試情報と合格実績

2013年度　帰国生入試日程と入試結果

募集人数	出願期間	試験日	選考方法	合格発表日
若干名	2012年12月14日(金)・2012年12月15日(土)	2012年12月17日(月)	国語、算数、作文(日本語)面接(受験生・保護者1名)	2012年12月18日(火)

年度	募集人数	応募者数		合格者数		入学者数	
		日	現	日	現	日	現
2010	若干名	14名	3名	13名	2名	4名	0名
2011	若干名	22名	6名	19名	3名	7名	2名
2012	若干名	24名	3名	21名	2名	7名	1名

※出願資格などは必ず募集要項や学校のホームページをご確認ください。

2012年度　大学への進学状況

国公立大	合格者数	国公立大	合格者数
東京外国語大学	6名	早稲田大学	14名
首都大学東京	5名	慶應義塾大学	8名
千葉大学	3名	上智大学	21名
横浜市立大学	1名	東京理科大学	15名
東京農工大学	1名	明治大学	33名

※大学への進学状況は全卒業生からのものです。

海外・帰国相談室　このページに関する質問はもちろん、海外生・帰国生の学習についてなど、ご不明点などございましたらホームページからお気軽にお問い合わせください。「トップページ」→「海外・帰国生/地方生」→「資料請求」（自由記入欄に質問内容をご記入ください）

海外の学習体験談や
海外各都市の塾情報など、
海外での学習に役立つような
情報を発信します！

海外生＆帰国

海外でがんばる先生 in ニューヨーク

現在海外の学習塾で勉強を教えている先生も、海外赴任当初は不安がありました。今回は、教育者の視点からみた、海外の子供たちの様子や、自身の家庭での教育方針など、海外での教育や生活にまつわる話を伺いました。

酒巻《さかまき》　敬一《けいいち》先生　国内学習塾での指導経験を生かし、通算4年半VERITAS ACADEMY ニューヨーク校（早稲田アカデミー提携塾）にて学習指導にあたっている。また、ニューヨークのフリーペーパー『ＮＹジャピオン』（隔週発行）にて算数・数学のコラムを連載中。1児（3才）の父でもある。

ニューヨークってどんな都市？

←自由の女神

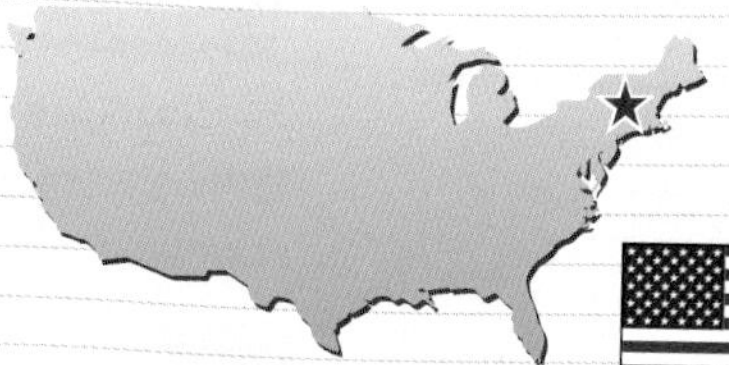

■都市名:ニューヨーク（ニューヨーク州）
■公用語:英語
■人口:約1900万人（都市圏）
■気候:日本の青森とほぼ同じ緯度。四季があり、夏は暑いが湿度が低い。春秋が短い。

世界最高水準の国際都市、金融センターであり、世界の商業、文化、ファッション、エンターテイメントなどに多大な影響をおよぼしている。国際連合本部の所在地。

■赴任当初は文化や生活環境、言葉の違いが壁に。

好きな作家やミュージシャンがニューヨーク出身だったこともきっかけの一つとなり、ニューヨークの学習塾に勤めることを決めた酒巻先生。日本の生活では外国人の友人と話すことはあっても、英語の語学力は十分ではない状態での渡航となりました。同行した奥様も英語が堪能ではない状況で、赴任当初は文化や環境、言語の違いに困ることも多かったそうです。電話線一本引くのに何か月もかかったことも。5年経った今、日常会話に困ることもなくなり、快適に感じられる環境下でご家族3人過ごされています。

■教えている子供たちへの個々の対応を重視しています。

教科は算数・数学・理科、学年は小4～中3と幅広い生徒を指導しています。現地校・インター校・日本人学校と、様々な学校に通う子供たちが一堂に会する教場において、習得レベルの差が感じられることも。そこで、個々の対応に力をいれるため、週に2回の質問教室を実施。塾の学習だけでなく学校の学習ケアもしています。英語のレベルも様々で、小学生で英検1級を取得する生徒もいるとか。NYの日本人学校では英検が受験できるそうです。

■巣立っても、生徒との1対1の関係、熱い絆を大切にしています。

日本の子供も、ニューヨークの子供も変わりはありません、と酒巻先生。そんな先生にも、赴任当時は気負いすぎて空回りしてしまった苦い時期があったそうです。しかし、海外の生徒に対して緊張してしまった当初に比べ、徐々に指導への自信を高め現在の熱い指導に至っています。先生は授業をするうえで、日本の礼儀も重んじています。「アメリカは自由な教育と言われていますが、ほとんどの生徒は日本にいつかは戻ります。だからそれを前提にした指導が大切です。生徒には日本にいては出来なかった経験に自信を持ってほしい。巣立っていく生徒たちには、遠く離れても熱い絆でつながっていることをよく話しています」とおっしゃっていました。ニューヨークや日本での教え子との再会の機会も多いそうで、このような機会を大切にしています。

■まず日本語が第一。日本人らしさを忘れずに異国の文化に触れさせていきたい。

3歳になるお子様は、テレビアニメや生活の中ででてくる英単語を口にされるようになりました。しかし、今後の教育のなかでは、特に日本語を大切にしていきたいそうです。「日本語は世界三大難語の一つ。ここニューヨークで日本語がきちんと学習できなかった子供たちを何人も見てきました。いずれは戻る日本を意識し、日本語の教育を大切にしたい。」とおっしゃっていました。日々異国ですくすくと育っていくお子様への思いもひとしおです。

酒巻先生からのアドバイス

ニューヨークは、日本人にとっては何でも揃っていて過ごしやすい環境です。ここハリソンにもたくさんの日本人が生活しています。気負うことなくお越しください。お子様の学習は、是非VERITAS ACADEMYにお任せください！早稲田アカデミーと協力してお子様をお迎えします。

早稲田アカデミー提携塾紹介

VERITAS ACADEMY ニューヨーク校

【対象・設置クラス】
●小学生コース：小１～小６　●中学生コース：中１～中３　●高校生コース：高１～高３　など

ハリソンに校舎を構え、小学Ｉ年生から高校生までを対象に、現地校との学習の両立に配慮した指導を行っています。

【電 話】＋1-914-698-1100
【メール】ghnyct@nyveritas.com　【URL】http://www.nyveritas.com/
【住 所】1600 Harrison Ave Suite 103 Mamaroneck, NY 10543
※お問合せは直接上記、または早稲田アカデミーホームページまで。

楽しみながら学ぶ

一日乗車券の旅

霞ヶ関勉強ツアー

政治の様子をテレビで見たり、教科書で学んだことはあるけれど、
楽しみながら日本の政治について勉強したことはなかった、という人のために。
無料で見学・入館できる「国会議事堂」、「憲政記念館」、「国立国会図書館」から、
日本の政治、霞ヶ関のことについて、楽しく勉強しましょう。

国会議事堂（参議院）

テレビのニュースで会議風景を見たことはあるけれど、建物内の装いはあまり知られていない国会議事堂。日本の政治の中心について勉強しましょう。

Information

TEL.03-5521-7445

見学時間／午前9時から午後4時までの毎正時
（午前9時・午前10時・午前11時・正午、
午後1時・午後2時・午後3時・午後4時）

見学できる日／月曜日から金曜日（土、日、休日、年末年始は休み）

まずは見学者・来観者のために作られた参観ロビー。参議院の活動や役割がわかる展示物から、天皇陛下がお座りになった御椅子やレプリカの本会議場議席から国会のしくみを遊び感覚で学ぶことができます。

クイズ①

建設当初、国会議事堂のすべてを国産品の物で揃える予定でしたが、何点か外国製品が含まれてしまいました。さて、1～4の中で、国家議事堂内にある外国製品のものをすべて選びましょう。

1 郵便ポスト

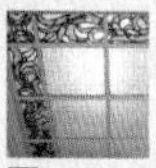

2 ステンドグラス

3 シャンデリア

4 ドアノブ

ニュース番組や教科書で、誰もが一度は見たことがあるであろう参議院本会議場。議席数は全460席になりますが、参議院定数は242人。議席数が参議院定数を超えてしまう理由は、戦前の貴族院議場をそのまま使用しているためです。参議院本会議がテレビ中継されると、空席が目立つように見えてしまうのは、そのためなのです。

写真提供：参議院事務局

天井には、ステンドグラスの天窓があります。

椅子と椅子の間隔が狭く、背もたれが直角になっている理由は、戦前の人の体型にはちょうど良いためという説があるそうです。

天皇陛下が御休息される御休所。本檜（ほんひのき）を用いた内装をはじめ、扉、柱、敷物にいたるまで、当時の建築、工芸の優れたものを集めた非常に貴重なお部屋です。もちろん天皇陛下以外、入ることはできません。

写真提供：参議院事務局

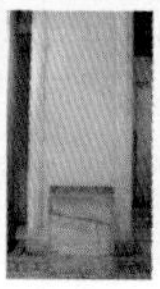

2階から6階までの吹き抜けになっている中央塔の真下にある中央広間。その高さは32.6mに及び、法隆寺の五重塔より大きいことから、その高さが伺えます。中央広間には板垣退助、大隈重信、伊藤博文の銅像が配置されていますが、一つだけ銅像のない台座があります。これは、「政治に完成はない、未完の象徴」を表しているという説もあると言われています。

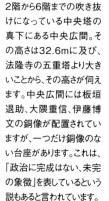

憲政記念館

主権者である国民から選ばれた代表で構成される議会を中心とした議会制民主主義について、認識を深めることを目的として設立された憲政記念館。国会の組織や運営などを資料や映像によって、楽しく、わかりやすく学べる憲政史を紹介する施設です。

Information
TEL.03-3581-1651
開館時間／9時30分から17時（入館は16時30分まで）
休館日／毎月の末日　12月28日～翌年1月4日

衆議院議員を務め、当選回数、議員在職年数、最高齢議員記録と複数の記録を有し、「憲政の神様」と呼ばれた尾崎行雄がお出迎えをしてくれます。

本会議さながらの臨場感を味わえる議場体験コーナー。映し出される内閣総理大臣の演説を議席に座って見ることができるうえ、演壇や議席で記念撮影することもできます。

国会の仕組みや世界の議会をわかりやすく学ぶことができ、また、国会の知識をクイズ形式で解くことができるため、楽しみながら学習することができます。

先端の技術を駆使し、立体映像で、帝国議会時代に初登院する議員のありさまや、議会における衆議院議場での議長選挙の模様などを見ることができます。

歴代の衆議院議長、歴代の内閣総理大臣、憲政史上の人々、錦絵紹介の中から興味がある人物を選択し、略歴を見ることはもちろん、その人物の肉声を聞くことができます。

クイズ②

憲政記念館の敷地内にある、全国の土地の標高を決める基準点となっているものは次のうちどれでしょう。

1 
2 
3 
4 

国立国会図書館

日本国内で出版されたすべての出版物を収集・保存する国立国会図書館。書籍の閲覧サービスから、国会をサポートするための調査も行う国立国会図書館をのぞいてみましょう。

Information
TEL.03-3581-2331
開館時間／9時30分から19時
（土曜日の閉館時間は、17:00）
休館日／日曜日　国民の祝日・休日　年末年始
第3水曜日
入館資格／⚠注意
満18歳以上の方でないと
入館できません（保護者同伴も含む）。

クイズ③

国立国会図書館の蔵書は約3,700万冊。さて、その3,700万冊を納める本棚の総延長距離は東京からどこまでの距離でしょう？

1 大阪府
2 山形県
3 岡山県
4 富山県

一般利用スペース

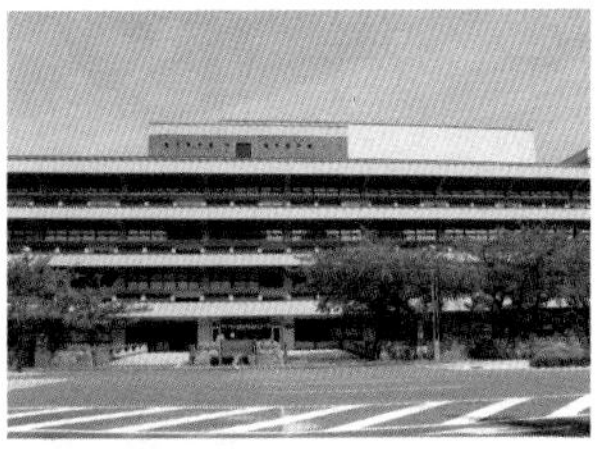

東京本館の建物は、14.8万平方メートルあり、サッカーグラウンドが21面以上も入るほどの広さを誇ります。国立国会図書館は、ただ本のデータを提供しているだけではなく、国会議員の方からの質問に答えるほか、国会で必要になりそうなことを予測して調べます。

書庫（関係者のみ立入り可）

新館には、地下8階にも及ぶ地下書庫が設けられています。外気の影響が少なく、地震の揺れが少ないことから、地下に設置されました。収蔵できる本は約750万冊になります。また、自然光が地下8階まで届く「光庭」を設けており、外光を取り入れることができます。地下で働く方の心理的なストレスを軽減し、また、広い書庫の中でも位置確認を容易にする効果があります。

クイズの答え：クイズ1…1 2 4、クイズ2…1、クイズ3…3

頌栄女子学院中学校

興味のあること、疑問に感じたことを自分自身で調べ、まとめあげる経験。そのことが、将来の目標を決めるうえで、大きな経験となる！

キリスト教に基づき、理想の女子教育を実践。高雅な品性と、社会に貢献奉仕できる人格を兼備した女性像を目指す。

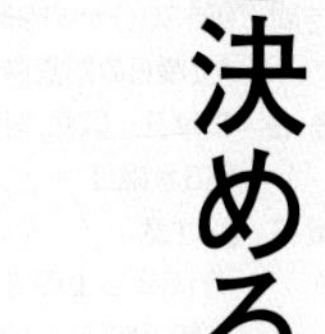

お話しいただいた益川先生。生徒一人ひとりの論文を読むことが「楽しい」そうです。

学校全体で取り組む「ライフデザイン」教育

本校では、考察力をしっかりと身につけ、筋道を立てて自分の考えを自分の言葉で表現する能力を養うことに力を入れています。また、自分自身を知り、将来や人生に対してポジティブな思考ができるよう、発達段階に応じた「ライフデザイン教育」に学校全体で取り組んでいます。「考える力」を養うことが、適性や生き甲斐を見つけることにも繋がっていくのです。

中学1年生から高校2年生まで、様々なテーマ、課題を学年ごとに設定し、生徒には年2～3回、小論文（考察ノート）指導を行っています。

中学3年生には「卒業論文」（6000字）の課題を与え、完成まで個別に教員が指導します。生徒一人ひとりと面談をし、準備してきた題材を細かにチェックしますので、大変に思われるかもしれませんが、私は毎年とても楽しみにしているんです。今年はどんな作品に仕上がるのか、考えるだけでワクワクしますね。なかには感動するぐらい素晴らしい作品があり、読んだ瞬間に入試問題に使おうと即決したものもあります。実際、国語の入試問題（2009年度）で使用しましたの

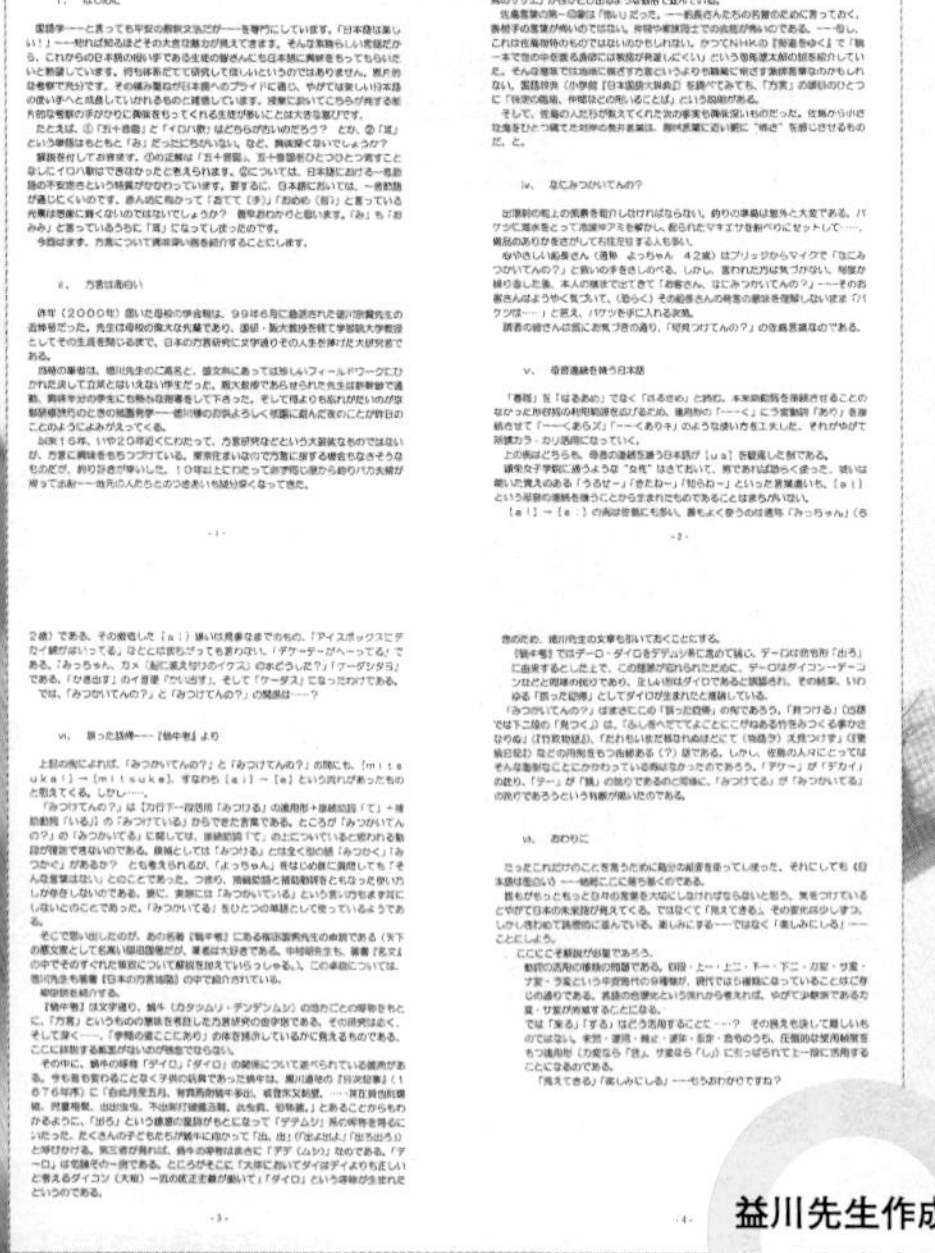

楽しもう日本語　その1

i. はじめに

ii. 方言は面白い

iv. なにみつかいてんの？

v. 母音連続を嫌う日本語

vi. 誤った語源――『蝸牛考』より

益川先生作成の指導書

で、ぜひご覧いただければと思います。

小論文指導によって書く力、記述力は飛躍的に伸びます。大学受験における小論文の対策にもなりますが、そこが目指しているゴールではありません。自分が心ひかれる研究対象を見つける作業、そして、まとめあげる経験は、高校、大学、その先にある進路選択にも繋がっていきます。また、広い意味でのキャリア教育の一助にもなっています。

本校の教育理念を基礎にした「生き方教育」は、学年や学科を超えて取り組んでいる教育テーマの一つです。「自分を知ること」から出発して、「周囲の人間を知ること」に発展し、「自分を取りまく社会を知ること」へ広がっていく教育を、中高一貫校の利点を生かして、今後も計画的に行っていきます。

二〇〇九年度第一回

国語

— 1 —

— 2 —

中学３年生の卒業論文を題材にした入試問題

中１～高２までの考察ノート作品集

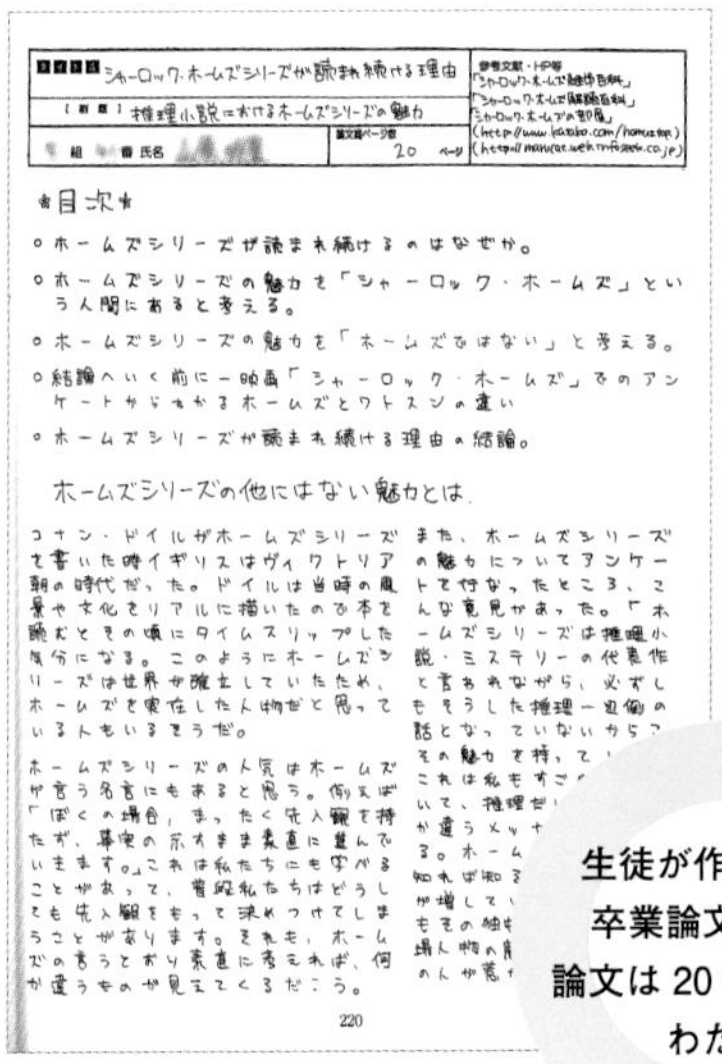
シャーロック・ホームズシリーズが読まれ続ける理由

【副題】推理小説におけるホームズシリーズの魅力

組　番　氏名

論文ページ数　20 ページ

参考文献・HP等
「シャーロック・ホームズ雑学百科」
「シャーロック・ホームズ讀解百科」
「シャーロック・ホームズの部屋」
(http://www.kazabo.com/homustop)
(http://manucat.web.infoseek.co.jp)

☆目次☆

○ホームズシリーズが読まれ続けるのはなぜか。

○ホームズシリーズの魅力を「シャーロック・ホームズ」という人間にあると考える。

○ホームズシリーズの魅力を「ホームズではない」と考える。

○結論へいく前に―映画「シャーロック・ホームズ」でのアンケートからわかるホームズとワトスンの違い

○ホームズシリーズが読まれ続ける理由の結論。

ホームズシリーズの他にはない魅力とは。

コナン・ドイルがホームズシリーズを書いた時イギリスはヴィクトリア朝の時代だった。ドイルは当時の風景や文化をリアルに描いたので本を読むとその頃にタイムスリップした気分になる。このようにホームズシリーズは世界が確立していたため、ホームズを実在した人物だと思っている人もいるそうだ。

また、ホームズシリーズの魅力についてアンケートを行なったところ、こんな意見があった。「ホームズシリーズは推理小説・ミステリーの代表作と言われながら、必ずしもそうした推理一辺倒の話となっていないから

220

生徒が作り上げた卒業論文の要約。論文は 20 ページにもわたる。

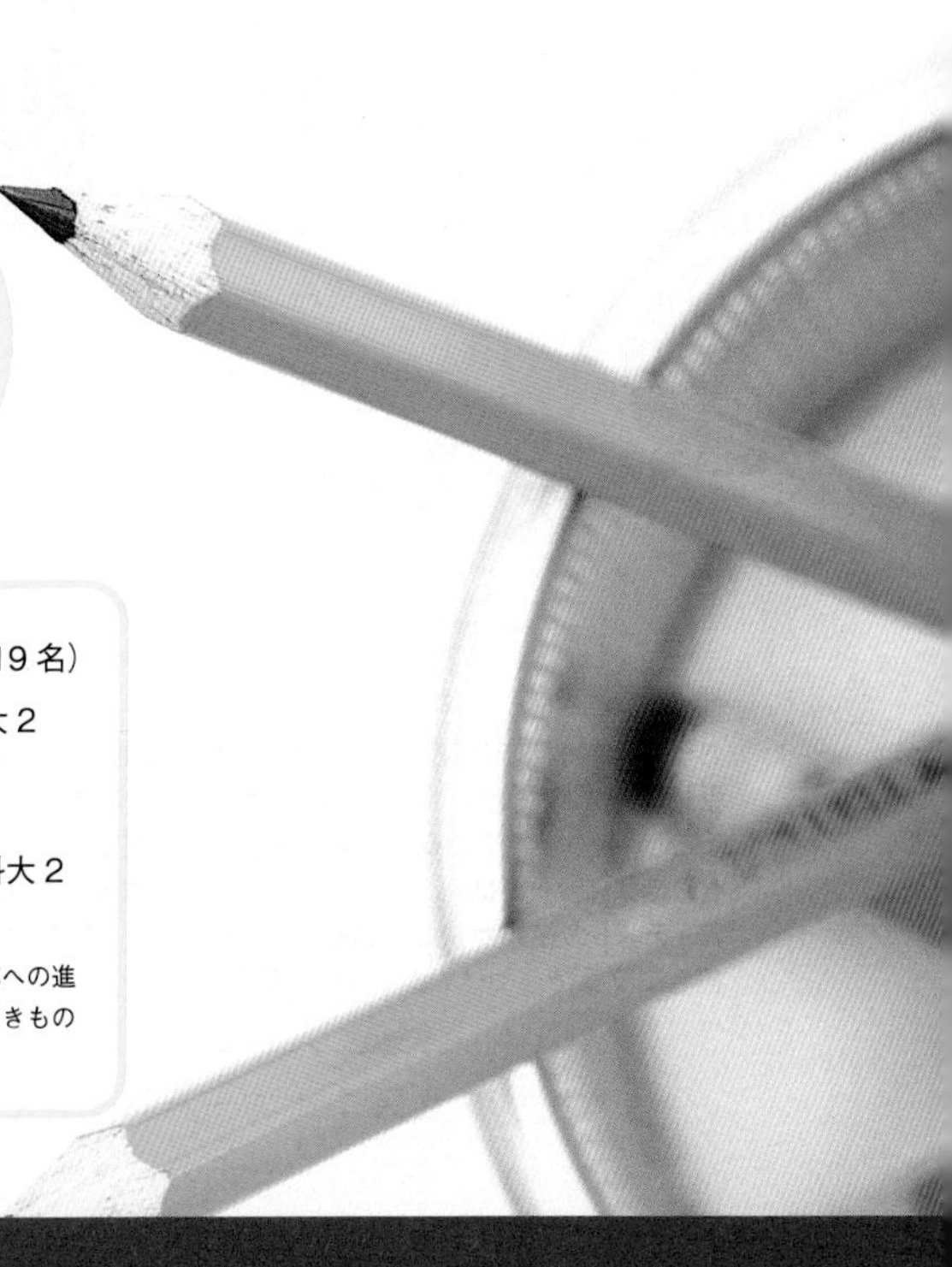

SCHOOL DATA

〒108-0071 東京都港区白金台 2-26-5
TEL.03-3441-2005･8009
http://www.shoei.ed.jp/

●著名な卒業生
大木　聖子（東京大学地震研究所助教）
2012年、「地球の声に耳をすませて」で第59回産経児童出版文化賞JR賞受賞。

合格実績　2012 年３月(卒業生 219 名)

東京大１　京都大１　東工大２　東京外国語大２
早稲田大 100　慶應大 78　上智大 102
東京理科大 25　明治大 76　青山学院大 50
立教大 75　中央大 16　法政大 15　埼玉医科大２
東京女子医科大４　東京自恵会医科大２

文系の難関大学はもちろんのこと、近年では理科系各学部への進学者が増え、医学部医学科などの合格者数増加は特筆すべきものがある。

秋には運動会や文化祭、また、読書・スポーツ・食欲の秋にちなんで様々な行事が開催されたことと思います。一方で、2学期以降のテストや模試の成績、学習方法を意識したり、はたまた、1学期までの勉強で取りこぼしがないか確認したりと、学習においても「勉強の秋」を強く意識したのではないでしょうか。今回は、先月号で応募した「2択クエスチョン　わが子の新学期」と「読書の秋　私がススメるこの秋の一冊」の投稿結果を紹介いたします。

ぱぱまま掲示板

サクセス12の読者が作る「ぱぱまま掲示板」。
みなさまからいただいた投稿・アンケートをもとにしてお届けいたします。

読書の秋 私がススメるこの秋の一冊

書籍名
「舞は10さいです」

著者　あさのあつこ
紹介者　ゆうたんママ
理由　舞という主人公の女の子の目線で、友だちや友だちのお母さん、自分の母、祖母に対する心の動きなど、自分までも10歳の感覚に戻ってしまうように引き込まれます。息子も1日で読みました。複雑な感情が入りまじりながら大人への成長をしていく舞の様子が好印象の本です。

書籍名
「金のひしゃく 北斗七星になった孤児たち」

絵・文　増田昭一
紹介者　がんもさん
理由　30ページほどの薄い絵本ですが、実話だけに何度読んでも号泣です。食、戦争、優しさ、仲間など、色々考えてしまいます。

2択クエスチョン　わが子の新学期

Q この夏は、事前に立てた計画表通りに過ごすことができた。

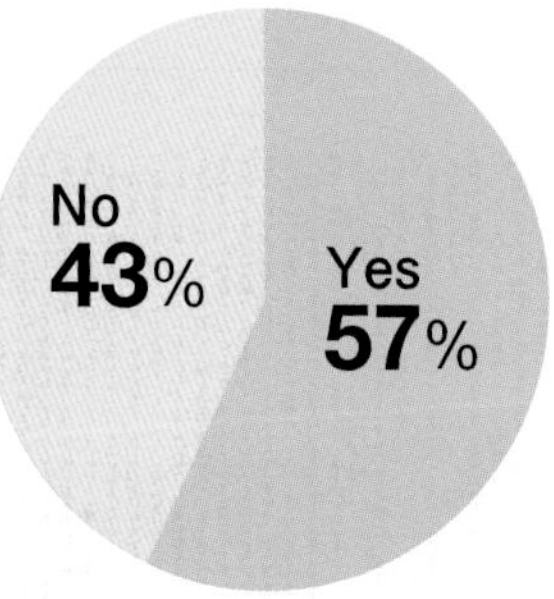

Q 2学期の学習目標をお子様と相談して決めている。

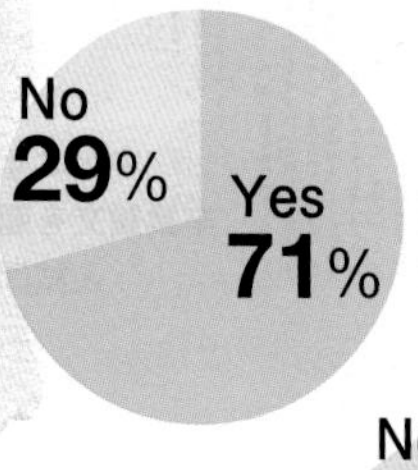

Q この秋、お子様と一緒に中学校の体育祭や文化祭に行ってみようと思う。

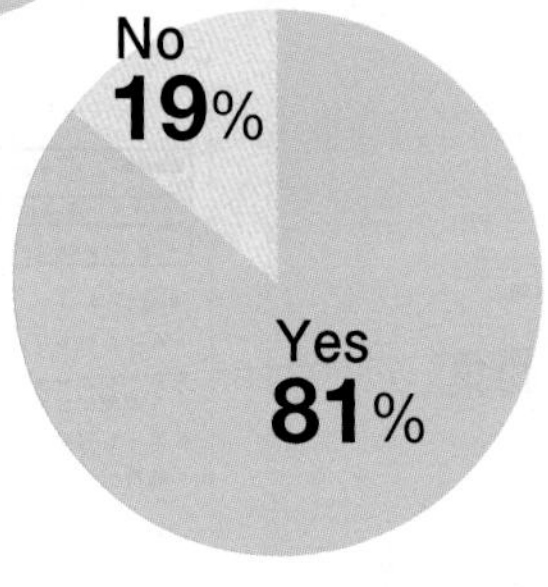

健康第一さんより

前号の「ぱぱまま掲示板」にて、「我が家の節電対策」で家庭菜園の様子を作文から紹介してくださった健康第一さん。今月号でも家庭菜園の様子を紹介してくださいます。

できた枝豆をまた植えたらどうなるか試そうと枝豆を三つ土に戻したところ、一つだけ芽を出し喜んでおります。四角豆はようやくつるが伸びてきましたが、今度はアブラ虫と戦うことになり、家庭菜園の難しさを痛感しています。我が家では金柑の木も育てています。その金柑の木にサナギがいました。アゲハ蝶だと思いますが、八月に見かけたのは珍しいような気がいたします。金柑の花も三度咲き散り、秋はどれだけ実をつけるのか楽しみにしているところです。

募集中

見たい、聞きたい、勉強しタイ！
今まで行った学習スポット

日本科学未来館

「○○博物館」、「△△科学館」、「□□見学」等、今までお出かけして、勉強になった施設・スポットを理由と一緒にご紹介ください。有名な施設から穴場のスポットまで、ご応募お待ちしております。

募集中

プチ作文！
受験に対する一番の心配

お子様の学力や志望校によって様々ですが、誰でも必ず一つは抱える「中学受験に対する心配」。今回は、中学受験をするにあたり、一番不安に感じていること、最も悩んでいることを35文字以内の文章にて応募いたします。「テストの結果によっては、口うるさくなってしまいます」、「長時間学習している割に、テストの結果が決して良くなりません」等、皆様が抱えるお悩みを、この機会に文章でぶつけてみてはいかがでしょうか。

募集中

あなたもサクセス12に登場しませんか?

お子様が普段勉強されているお部屋を写真でご紹介ください。
ご応募お待ちしております。

宛先　〒171-0014 東京都豊島区池袋2-61-1 大宗池袋ビル
早稲田アカデミー本社教務部『サクセス12』編集室
メール：success12@g-ap.com

サクセス12ホームページでも受付中！ http://success.waseda-ac.net

親子で挑戦！

チャレンジクイズ

1914年（大正3年）に、私は辰野金吾さんにより設計されました。南北の長さは約335メートル、そんな強大な私の復元が始まったのは2007年になります。そして、月日が流れ5年。ついに私は、開業した大正時代の姿に戻ることができました。復元工事に協力してくれたみんな、本当にありがとう。そして私は、これからもみんなが集う場所であり続けます。

さて、「私」とはどの場所でしょうか？　❶～❹の中から選びましょう。

❶

❷

❸

❹

応募方法

FAX（裏面）でお送りください。

メール・ハガキ・封書でも受け付けております。

※投稿で実名の掲載をご希望されない場合は、ペンネームを必ずお書きください。
※お送りいただいた写真、作品は返却できませんので、ご了承ください。
※投稿作品の発表や出版に関する権利は、早稲田アカデミーに帰属するものとします。
※掲載にあたり、一部文章を編集させていただくことがございます。

【応募〆切】
2012年12月8日（土）必着

【宛先】
〒171-0014　東京都豊島区池袋2-61-1 大宗池袋ビル
早稲田アカデミー本社教務部『サクセス12』編集室
FAX：03-5950-4912
メール：success12@g-ap.com

プレゼント　正解者の中から以下の賞品をプレゼント!!

A賞　この冬、一気に成績アップ！　**文具セット**（1名）

B賞　これで苦手科目を克服！　**学習マンガセット**（2名）

C賞　寒い冬には　**あったか入浴グッズ**（2名）

当選者の発表はプレゼントの発送をもって代えさせていただきます。

●9・10月号正解／❷

サクセス12　11・12月号　vol.39

編集長
喜多　利文

編集スタッフ
春山　隆志
眞木　貴也
太田　淳
生沼　徹
茂木　美穂
鹿島　綾乃

企画・編集・制作
株式会社 早稲田アカデミー
〒171-0014 東京都豊島区池袋2-53-7
TEL.03-5954-1731　FAX.03-5950-4912
サクセス12編集室（早稲田アカデミー 内）

©サクセス12編集室
本書の全部、または一部を無断で複写、複製することは
著作権法上での例外を除き、禁止しています。

編集後記

高い目標を持ち、そこに向かって努力し、自分の未来を切り開いていく。私たち、人間だけに与えられた素晴らしいことです。目標を高く設定すれば、困難や乗り越えなければならない壁は確実に多くなることでしょう。そのため、「自分の力で絶対に乗り越えるんだ！」という強い気持ちが必要です。計算練習や漢字の学習など、ともすると単調な作業で退屈に思う勉強もあるかもしれません。一日ぐらいサボってしまいたいと思うことも出てくることでしょう。しかしながら、全ての勉強は第一志望校合格に繋がっているのです。目標を決して見失うことなく、一歩一歩確実に前進していきましょう！

恩師からかけられた言葉を紹介します。「未来はまだ決まっていない、自分で切り開くものだ」（春山）

FAX送信用紙

チャレンジクイズの答え	希望商品（いずれかを選んで○をしてください） A　・　B　・　C

氏名（保護者様） （ペンネーム　　　　　）	氏名（お子様） （ペンネーム　　　　　）	学年

現在、塾に 通っている　・　通っていない	通っている場合 塾名 （校舎名　　　　　）

住所（〒　　　-　　　　）	電話番号 （　　　　）

面白かった記事を教えてください（記事の最初のページ数を記入してください）（　　　ページ）（　　　ページ）（　　　ページ）

プチ作文！

受験に対する一番の心配

お子様の学力や志望校によって様々ですが、誰でも必ず一つは抱える「中学受験に対する心配」。今回は、中学受験をするにあたり、一番不安に感じていること、最も悩んでいることを35文字以内の文章にて応募いたします。「テストの結果によっては、口うるさくなってしまいます」、「長時間学習している割に、テストの結果が決して良くなりません」等、皆様が抱えるお悩みを、この機会に文章でぶつけてみてはいかがでしょうか。

見たい、聞きたい、勉強しタイ！

今まで行った学習スポット

学習スポット名

すすめる理由

怒りアリ？ 笑いアリ？ 皆様の受験に対する一番の不安をサクセス12でぶつけてください。

FAX.03-5950-4912 FAX番号をお間違えのないようお確かめください

サクセス12の感想・ぱぱまま掲示板への投稿

中学受験　サクセス12　11・12月号2012

発行／2012年10月31日 初版第一刷発行　発行所／(株)グローバル教育出版 〒101-0047 東京都千代田区内神田2-4-2　編集／サクセス編集室 電話03-5939-7928 FAX03-5939-6014

©本誌掲載の記事・写真・イラストの無断転載を禁じます。

本郷に集う。
GETTING TOGETHER AT HONGO

◎中学校説明会

11/10 土 14:00〜　施設見学
12/ 1 土 14:00〜　施設見学
●対象　小学生・保護者　●会場　本校体育館
●11/10・12/1 は入試問題傾向解説（内容は同じです）
★予約不要　施設見学できます。※上履きをご持参下さい。

◎中学オープンキャンパス　クラブ活動体験入部

11/10 土 14:00〜
●対象 小学生と保護者 ●電話予約制 ※上履きをご持参下さい。

◎親子見学会　中学・高校共通

12/23 祝日 ①10:30〜　②14:00〜
●対象　小学生・保護者
●インターネット予約（12月から受付開始）※上履きをご持参下さい。

◎ 2013年度入試要項

	募集人員	入試科目	試験日	合格発表日
第1回	140名	国・算・理・社	2/2（土）	2/2（土）
第2回	60名	国・算・理・社	2/3（日）	2/3（日）
第3回	40名	国・算・理・社	2/5（火）	2/5（火）

学校見学
随時受付中
●要電話予約

本郷中学校
〒170-0003 東京都豊島区駒込 4-11-1　キャンパスホットライン｜TEL:03-3917-1456 FAX:03-3917-0007
ホームページアドレス｜http://www.hongo.ed.jp/　携帯サイトも左記アドレスでご覧いただけます。